高校创新创业教育生态系统构建研究

李蕙　著

湘潭大学出版社
XIANGTAN UNIVERSITY PRESS

前 言

近年来，我国越来越把创新创业人才培养列为高校教育工作的重要内容，许多高校也卓有成效地开展了创新创业教育的探索和实践。在我国高等教育大众化的大环境下，高等学校毕业生的规模逐年增加，大学毕业生就业形势日趋严峻，要从根本上扭转大学生就业难、层次低的困境，应该从更新转变学生的就业择业观念入手，切实推进高校学生从被动就业向自主创业转变。目前，中国大学毕业生自主创业比例与西方发达国家相比差距较大，创业支持体系不完善、创新创业教育的缺失使人才的创造力和创新力没有完全得到释放。为此，各级政府相继出台了一系列鼓励和扶持大学生创业的政策，激励大学生通过自主创业实现就业并创造出更多的就业岗位。

当前我国经济下行压力加大，经济增长的传统动力减弱，互联网成为经济转型升级的重要动力。2015 年国务院出台《关于大力推进大众创业万众创新若干政策措施的意见》，其中明确指出要“发展创业服务，构建创业生态”等内容，“大众创业，万众创新”已成为我国全面深化改革、推进经济发展方式转变的重要动力，培养创新创业人才的重要性日益凸显。以“互联网+”为驱动推进我国经济社会创新发展，可以为推进“大众创业、万众创新”提供有效的政策保障。

自 2015 年 5 月起，一些省市陆续出台相关文件，要求高校创新创业教育生态系统鼓励并支持大众创业在高校创新创业教育中发挥更大作用。高校创新创业教育生态系统的构建相对于其他类型的教育，更加注重学生创业成员的创业教育功能和创业孵化服务的公益性；高校创新创业教育生态系统构建的实践功能为传统创业教育的困境提供了解决问题的思路；高校创新创业教育是主要面向大学生创业者提供专业化服务的创业服务平台。高校创新创业教育生态系统的构成要素有哪些、其内在运行机制怎样等问题的研究和讨论鲜有发现。所以，需要我们从高校创新创业教育的本质出发，揭示高校创新创业教育生态系统的构成要素和运行机制，为高校学生创业服务活动提供理论参考和实践指导。

目 录

第一章　创新创业教育生态系统的概述

第一节　创新创业教育生态系统的核心概念

一、生态

从词源学考察，在《现代汉语词典》中，生态是指生物在一定的自然环境下生存和发展的状态。一般认为，“生态”这一概念是伴随着近代生物学的发展而产生的，同生态学这门学科一起诞生，主要研究生物群落的生存发展的环境及各要素之间的相互关联和彼此制约，一起达到一种相对的平衡和美好。生态学一词是 1865 年勒特（Reiter）合并两个希腊字 logos（研究）和 oikos（房屋、住所）构成的生态学（oikologie）一词。1866 年德国生物学家海克尔（H.Haeckel）首次把生态学定义为“研究动物与有机及无机环境相互关系的科学”。日本东京帝国大学于 1895 年把 ecology 一词译为“生态学”，后经武汉大学张挺教授介绍到我国。最早将生态学的原理与方法运用于人类社会问题研究的是以帕克（Park，R E）和伯吉斯（Burgess，E.W.）等人为代表的芝加哥学派的学者们。1921 年，帕克和伯吉斯在其所著的《社会学科学导论》(*An Introduction to the Science of Sociology*) 一书中首度提出人类生态学的概念，他们认为，“社会是由许多在空间上彼此分隔、在分布上却有统一的地区联系，而且能够独立移动的个人所组成的。”由此为起点，人们开始运用生态学的原理和方法研究人类生活和人类社会发展中的各种问题。

二、系统

英文中系统（system）一词来源于古代希腊文（syst ε m α）意为部分组成的整体。系统的定义应该包含一切系统所共有的特性。一般系统论创始人贝塔朗菲定义：“系统是相互联系相互作用的诸元素的综合体。”这个定义强调元素之间的相互作用和系统与元素的集成。可以说，贝塔朗菲创立的一般系统理论开创了新的科学研究领域，对现代科学技术的发展产生了深远的影响。贝塔朗菲的一般系统论主要是针对笛卡尔的还原论而提出的。还原论方法的核心是将我们所研究的问题尽可能地划分成许多必要的部分，以便更好地解决问题。

还原法一直是科学研究的基本方法之一，它对科学的发展有很大的影响，但其很难解决来自生物学方面的难题。对此，贝塔朗菲提出，研究孤立的部分和过程是必要的，但还必须解决一个决定性问题，即把孤立的部分和过程统一起来的、由部分间动态相互作用引起的、使部分在整体内的行为不同于在孤立研究时行为的组织和秩序问题。我国著名学者钱学森认为："系统是由相互作用、相互依赖的若干组成部分结合而成的，具有特定功能的有机整体，而且这个有机整体又是它从属的更大系统的组成部分。"

一般系统论是以"一般系统"为研究对象的，所谓一般系统，是指由若干存在关联的部分或子系统构成的整体，具有一般性、关联性、整体性和层次性。系统的一般性是指系统包含了自然界和社会中存在的所有事物；系统的关联性是指组成系统的各个部分之间存在着联系，因此，系统任何部分的状态都与其他部分的状态有关；系统的整体性是指系统首先作为一个整体而不是一个孤立的组件存在，同时，系统中组件的功能不同于其孤立的功能；系统的层次性是指系统的任何部分也可以是一个完整的系统。同时，在系统的结构层面上，系统的行为总是由系统环境和系统结构决定和支配。因此，只有在这种层次的系统结构下，才能正确理解和控制系统行为。应该说，系统的结构层次是系统实现某些系统行为或功能的基础和客观要求，是正确认识和揭示系统运动规律的基础。

三、生态系统

生态系统的概念是英国植物群落学家坦斯利（Tansley，A.G.)于 1935 年首先提出的。生物生态系统是由非生物成分组成的，使物质流、能量流、信息流通畅地流过生态系统而保持动态地平衡。我们所说的生态系统包括整个生物群落的物理化学因素以及生态系统所处的环境，它们是一个自然系统的整体。在成熟的生态系统中，这些因素接近平衡，整个系统通过这些因素的相互作用得以维持。生态系统是指某一地区（或空间）所有生物与环境相互作用的能量交换、物质循环代谢和信息传递功能的统一。它的基本观点是强调系统中各种因素之间的相互关系、相互作用和功能统一。生态系统是具有边界、范围和层次结构的系统，所研究的任何系统都可以形成一个更大的系统，并和周围的环境作为一个更高系统的一部分，它本身可以由许多子系统组成。它同时也是一个相互联系和整体关联的系统，它不仅具有系统内部和外部环境的因果关系，而且在子系统和各子系统与母系统之间有着密切联系，有能量、物质和信息的交换。生态系统观念的产生，将原先分离的生物和非生物群落概念转变为一个将整个自然及其与人类的相互作用共同纳入的一个大系统概念。

美国著名生态学家奥德姆（Odum，E.P.）在其代表作《生态学基础》（*Fundamentals of Ecology*）（1953–2002 年共修订 5 次）中见证了生态科学整体思想的演变历程，提出生态系统“功能性整体”概念，生态系统的本质内涵从群落的有机整体性扩充到整个生态系统。同时，他提出了“生态系统各层次具有涌现性”，即强调生态系统中所有成分之间的有机联系，认为这种联系是非线性的，每个生态层次上都具有涌现性，且具有不可还原性，即整体的特性功能不能还原成各组分特性功能的综合。奥德姆的“功能整体论”和他所倡导的整体研究方法，对推动整体生态学概念的发展起了重要作用，为人们在各个学科中研究生态观点提供了认识论基础。社会生态系统与自然生态系统不同，社会生态系统是由政治、经济、文化、人口等子系统共同构成的复合生态系统。

生态系统作为一种“系统”而存在，它具有系统的共同特征。“系统”一词，源自系统论的创始人——奥地利理论生物学家贝塔朗菲，他认为相互联系的诸要素的综合体就是系统，多样性和相关性是系统基本的规定性。系统是事物存在的普遍形式，可以是有生命的系统，也可以是机械系统；可以是实体系统，也可以是认识系统或者虚拟系统。无论是自然系统还是社会系统，都有以下基本特征：一是整体功能。构成一个特定系统的元素是一个有机的，不可分割的整体，每个要素只有在特定系统中才能发挥或保持原有的性质、特征和作用，一旦脱离整体，其原有功能将无法保持。同时，整体功能是由各部分要素的有机整合以实现最大化，并不是各子要素的功能累加，整体功能将大于各部分功能之和，实现各部分独立无法达到的成效。二是结构层次性。系统由各要素组成，各要素与各子系统之间又存在横向和纵向的联系。一方面，每个系统由各子系统构成，每个子系统又由其具体的元素构成，构成系统的元素都具有无限可分性，每种元素由它的下一层诸元素构成，层层下移，依次类推，体现出系统的纵向结构性。另一方面，各组成元素、各子系统在横向关联上存在密切关系，彼此之间相互作用，以某种特定组合样式的网络关系和一定的数量关系呈现出来，表现出系统的横向关联性。三是相对稳定性。系统的运动是绝对的，但可以在一定时间内保持相对稳定。在自然系统中，各种生物都具有主动适应的生物学特性，因此组织性和自律性较强，系统的相对稳定性更为突出。与自然系统相比，社会系统属于人工系统，其相对稳定性非常弱。然而，合理的人类组织和调节可以增强其结构功能的相对稳定性。四是开放变异性。各类生态系统都是不同程度的开放系统，不断地从外界输入能量和物质，经过转换而输出，从而维持系统的有序状态。系统外部环境的变化和内部诸元素自身的变异都可能对系统的稳定性带来影响，经过量变的积累以实现质性的变异，系统在旧平衡不断打破与新平衡不断建立的过程中一直处于不断地运动状态。

四、创业教育

按照联合国教科文组织给出的定义："创业教育，从广义上来说，是培养具有开创性的个人，它对于拿薪水的人同样重要。因为用人机构或个人除了要求员工在事业上有所成就外，正在越来越重视员工的首创、冒险精神、创业精神和独立工作能力以及技术、社会和管理技能。这些能力对于企业家、管理者和任何希望在职业生涯中取得成就的人来说都是至关重要的。"人们越来越重视员工的主动性、冒险精神、创业精神和独立工作能力以及技术、社会和管理技能。创业教育的含义，可以从语义学和语用学两个方面加以明确。语义学研究的重点是语言意义表达系统，不涉及具体的应用。语用学也研究语言的意义，但关注更多的是语言在特定语境、言语行为、预设、会话等方面的意义。从语义学的角度，创业教育包括"创业"和"教育"，"创业"可扩展到社会经济、文化和政治领域的思想、意识和行为创新，开拓或扩大新的发展空间，为他人和社会提供机遇，是企业家主体的探索行为，核心定义是"行为创新"和"探索性行为"。"教育"是指一切培养人的活动，是一种提高人的综合素质的实践活动。两者都有其自己所规定的"集合"。"创业教育"就是指这两个概念集合的"交集"。如果进一步研究他们在"逻辑意义"上的关系，"创业"在构词逻辑上，是在修饰、限定"教育"，"创业教育"指的是"关于创业的教育"。这样，我们就可以得出一个最为基本的初步定义：创业教育就是关于行为创新和探索性行为的育人活动，是一种提升人的创业素质的实践活动。从语用学的角度，创业教育是在高等教育的"语境"中展开的，是在研究、推行"生态教育""素质教育""就业教育"和"创新教育"的制订者和实施者的手中进行的，其意义的说明都由这些"语境"和"使用者"在事先规定下来。结合上述语义、语用分析与定义，可对"高校创业教育"给出较为明晰的界定，高校创业教育是以高等教育为背景，以结合专业教育为前提，通过多种途径，以增强受教育者的创业精神、创业意识、创业知识和创业能力为目标开展的教育活动，使受教育者能够在社会经济、文化和政治等领域创新思想、知识和行为，开辟或扩大新的发展空间，并为他人和社会的探索行为提供机会。

五、创业教育生态系统

（一）创业生态系统

2015 年，国务院出台《关于大力推进大众创业万众创新若干政策措施的意见》，其中明确指出要“发展创业服务，构建创业生态”。创业生态系统是由多种创业参与者及其创业环境组成的有机整体，它具有复杂的相互作用，致力于提高企业活动的总体水平。企业生态系统从系统的角度研究企业活动，更加注重系统内各组织的利益平衡，注重整个系统的均衡协调发展，从而确保为创业活动提供良好的资源和环境，并保持创业企业的发展势头。创业生态系统的概念最早出现于2005年，其内涵主要分为两大类。一是将创业生态系统视为创业企业的外部环境。科恩（Cohen）提出，创业生态系统是特定区域的互动。通过支持和促进新企业的创建和成长，形成社会主体、可持续发展和创造社会经济价值。二是以林嵩、Mason & Brown为代表的另一群学者将创业企业纳入创业生态系统，认为创业生态系统是一个由创业主体和外部环境组成的统一整体。Mason & Brown则认为创业生态系统是一系列相互关联的创业主体和创业环境，通过正式和非正式的联系提高业绩。创业生态系统是从生物学中的生态系统概念演化而来的。因此，可以认为，创业生态系统是一个开放的生态系统，多重创业活动参与者与其所处的创业环境系统之间存在共生关系。主体与环境是相互依存、相互作用、共同发展的，致力于共同创造社会财富。

（二）创业教育生态

“创业生态系统”的构成要素较为分散，无论是政策、金融、教育、文化，还是市场、人力资本、支持系统等，都是以创业企业或者创业者开展创业活动所需要的帮助和支持为出发点，可见，创业生态系统强调的要素中以市场要素居多，多是对创业实践所需实际支持的分析，对教育要素的强调相对较少，对创业者创业素质的培养进行探讨的情况较少。教育是创业生态系统必不可少的生态因子，高校在创业者素质培养过程中的作用日益突出，高校创业教育已成为创业生态系统的重要组成部分，创业教育生态系统是创业生态系统的重要分支。“创业教育生态”在主体支持方面不同于“创业生态”，“创业生态”主要集中在企业或企业家创业活动所需要的支持要素上，“创业教育生态”以“创业教育”所需的支撑要素构建生态系统。苏联学者斯卡特金指出：“使用确切的和只有一个含义的术语是科学方法论无争议的要求。”为了更加准确地把握创业教育生态的内涵，我们首先需要对几个相近概念进行比对区分

第一，创业教育生态与生态创业教育。虽然对创业教育生态的表述有“创业教育生态思维”“创业教育生态方法”“创业教育生态观”等不同侧重，但都是以生态哲学作为基础和依据对创业教育实践活动进行系统的关照，是用生态世界观的观点和原则来探讨和研究创业教育的发生发展规律、创业教育系统各因子和各要素之间的相互关系。而生态创业教

育是一项有着特殊目的指向的，源于“生态创业”的教育实践活动，即建立在生态基础上，以体现维护生态环境，实现人与自然、人与人、人与社会的和谐共处，推进经济社会可持续发展的创业教育实践活动。创业教育生态是指把创业教育看作生态系统，分析系统与外部环境之间及系统内部各因素之间的关系，强调的是整体意识、系统思维、动态平衡与功能协调，更多倾向于对方法论的追求。生态创业教育本质是生态素质教育，即以生态育人为理念，围绕生态文明建设的现实需要，将生态和谐的观念内化为创业活动中的自觉行为，将生态理念、生态价值、生态知识、生态原则等内容融入创业教育的课程与实践活动中，在保证整体生态系统动态平衡的前提下，提升受教育者的生态文明观念、生态发展素质、生态保护意识和生态创业能力，培养出不同层次和不同类型的生态创业人才。

第二，创业教育生态与创业教育环境。“环境”和“生态”这两个概念经常被混用，有的甚至把环境和生态当作相同的概念来使用，其实，在不同的学科中，环境和生态的概念是不尽相同的。生态是一定地域空间内生存的所有生物有机体之间及其与周围环境之间的相互关系，它强调系统中各因子之间的相互关系，含有整体、联系、和谐、共生和动态平衡之意。就外延而论，生态与环境是相同的，都是指影响主体的外在因素。但是，从内涵的角度看，“环境”强调主体性，是关于某一主体的，分析了影响它的各种条件；“生态”强调互联互通，认为一切都是整体的一部分，与整体中的其他因素密切相关并由其产生。当生态作为一种分析方法时，实际就是一种生态思维，从生态思维而非环境的角度看待创业教育，是创业教育思维方式的重要转变。就生态环境而言，人们处于生态环境之外，创业教育也是如此。创业教育的环境在创业教育之外独立存在，对创业教育具有复杂的影响；创业教育作为一种教育活动，位于生态系统中，与系统中的其他元素相互作用。创业教育生态的概念注重对创业教育产生影响的一切内外部因素之间相互关系及其作用机制的考察，是对创业教育有效性生成构成影响的一系列自然和非自然的因素。当然，提出创业教育生态问题不是要否认创业教育的环境要素，而是要突出创业教育活动与其他社会复杂因素及创业教育自身各要素之间的交互作用的整体、联系和动态的考察。

第三，创业教育生态与创业教育生态学。创业教育生态强调将创业教育的主体、对象、媒介和环节联系起来，进行整体和动态的分析。而创业教育生态学则是一门学科，虽然目前创业教育的学科化发展尚处于初步阶段，但是随着创业教育的发展并借助已有的创业学、生态学等学科理论支撑，其学科体系会逐渐完善。学科体系是学科的概念和将这些概念联系起来的判断，通过推理和论证，形成的层次分明、结构严密的逻辑体系。建立完整的学科体系需要成熟的理论支持和长期的实践探索，然而，目前还不具备创业教育生态学的学科研究条件。

高校创业教育生态系统的形成与发展基于高校社会角色的变化。2015 年,《全球创业观察报告》认为创业教育已经具备系统化特征，创业教育系统内含各种复杂的要素。虽然创业教育生态系统是创业生态系统的重要分支,但是又构成独特而又相对独立的生态体系。目前，学界对于创业教育生态系统的定义尚未形成共识，我们经过对系统要素和结构的分析，初步将其定义为：高校创业教育生态系统是以培养开创性人才为目标，由多元主体、客体、介体和环体等实体要素以及目标、政策、环境、课程、课堂等功能要素构成的自我调节、动态平衡、开放互联的可持续发展的育人系统。

第二节　创新创业教育生态系统的理论基础

一、教育生态系统理论

生态系统理论于 1979 年由美国著名人类学家和生态心理学家布朗芬布伦纳(U.Bronfen brenner) 提出。该理论着重强调环境的影响是巨大的，尤其自然环境对个体行为、心理发展方面影响重大，这一点是以往被实验研究者忽视的。他认为，个体是在一个相互联系、相互影响和相互作用的稳定的生态系统之中不断发展的。个体成长在生态环境中，这个生态环境是有若干层级的，具体分为微观系统、中间系统、外层系统和宏观系统四级，这四个级别划分的标准是与个体的互动频率和密切程度由低到高的顺序。社会生态系统由人文化的自然生态环境、社会生态环境和规范生态环境组成。教育生态系统是社会生态系统中一个相对独立的子系统，它有自身的结构和功能。教育生态系统结构与功能的统一，制约着教育生态系统的发生与发展，制约着教育生态系统应付周围环境的能力。同时，教育生态系统又是一个开放的系统，它与社会生态系统不断地进行着物质与能力交换，与其环境相互作用。

（一）教育生态系统环境论

生态环境是生物生存空间中各种条件的总和。人类生态环境包括自然环境、社会环境和规范环境。与自然环境、社会环境相比，人类的规范环境与教育生态的关系更加密切，因为教育本身就是规范环境的主要构成要素——文化的一部分。就教育系统内部的生态环境而言，同样包括自然环境（物理环境）、社会环境（结构环境）和规范环境（价值环境）

这三类不同性质的环境要素。吴鼎福认为，教育的发展离不开教育的生态环境，两者之间存在着协同进化的关系。教育的生态环境是以教育为中心，对教育的产生、存在和发展起着制约和调控作用的n维空间和多元的环境系统。通过对生态环境因素的分析，探讨了各种生态环境与教育的关系及其作用机制，进而揭示教育发展的内在逻辑和一般规律是教育生态学研究的基础和发展方向。教育的客观环境通常是各种因素交织和渗透的，必须从系统的角度分析不同层次、不同类型的教育生态的现象、特征和规律。

（二）教育生态系统结构论

生态结构是生态系统的构成要素及其时空分布和物质、能量循环转移的途径。不同的生物种类、群种数量、种的空间配置、种的时间变化具有不同的结构特点和不同功效。教育生态系统的结构是指教育内部的各个要素根据教育的目标、任务及自身的特性等，确定各自在一定的时间空间中所处的相对位置，相互联系、相互作用，发挥各自的特定功能并影响各要素的整体功能的方式。宏观上它包括教育的目标结构、程度结构、区域及布局结构等范畴；中观上它包括课程结构、生源结构、教师结构等范畴；微观上它包括教学结构、科目结构等范畴。教育生态系统的结构是一种客观存在，其中，要素的数量、质量、各自在一定的时间和空间中所处的相对位置、相互联系和相互作用的制度及机制等都关系到各要素的整体功能及教育结构是否科学、合理。教育生态系统结构论就是在对教育生态系统进行结构分析的基础上，解析教育的生态功能，阐述教育生态的原则，揭示教育生态的基本规律。

（三）教育生态系统功能论

教育的生态功能直观地表现为教育可以提高公民的生态文明意识，改变当前的生态危机，将生态意识渗透到教育实践活动中，对人们进行环境法规和生态伦理教育，明确了人在生物圈和自然生态系统中的地位。教育生态系统的功能是以教育生态系统的结构为基础的，系统结构决定了系统的功能，改变系统的组成和结构会影响系统的功能。现实中存在的系统结构的持久性是相对的，基本特征的变化也是不断发生的。吴鼎福在《教育生态学》中提出教育生态系统有三个主要的功能群，即指导保障群、传导开发群、继承发展群。在现代社会中，随着教育生态功能的演变，教育生态系统的功能正在向多元化功能转变，政治取向、经济发展、文化选择、科技推广的功能也在转变，社会服务日益突出，与社会系统的其他因素更紧密地联系在一起。当然，系统结构功能的演化不是简单的线性演化，而是非线性的复杂演化。

（四）教育生态系统原理论

教育生态学作为一门独立的学科，有其独特的理论体系和特殊的规律。限制因素定律是教育生态学的基本原理，也就是说，在教育生态环境中，几乎所有的生态因素都可能成为制约因素。对于教育生态系统来说，主要的限制因素是能量流和信息流。耐度定律和最适度原则，即个人、群体适应范围的“阈值”，最恰当的程度是生态因素的质和量的统一。花盆效应，即在学校教育中，受封闭或半封闭的教育环境的影响，学生很容易养成以自我为中心的价值观。教育生态位原则不仅包括教育生态系统在整个社会制度中的时间和空间位置，而且包括教育生态系统中的生态群体和生态个体的层次分布。教育生态位原则可以发挥群体和个人在不同领域相互补充促进的作用。此外，教育生态系统中还存在教育生态链规律、教育节律、社会群聚、教育生态边缘效应等。

教育生态系统理论为创业教育研究尤其是创业教育生态系统的构建提供了必要的方法论准备。我们要在整体与部分的内在关系中揭示创业教育的本质属性，通过对各要素之间的内在逻辑结构加以综合分析判断，找出整体发展的规律以及在整体发展中各要素所发挥的作用，以达到最大化的发展。教育生态学中的各种原理，如限制因子定律、花盆效应、社会性群聚等都对创业教育生态系统尤其是“微生态”即创业教育课堂教学生态的构建有积极的指导作用。总之，教育生态系统理论启发我们可以将创业教育的整个过程视为一个完整的系统，在这个完整的系统中，既要深入分析系统的内部诸要素及其之间的相互作用，又要充分关注系统与外部环境之间的关系，这样才能系统地、全面地构建具有发展性和时代性的创业教育体系，并理性地应用于创业教育实践。

二、三螺旋创新模型理论

亨瑞・埃茨科瓦茨（Henry Etzkowitz）首次提出使用三螺旋模型来分析政府、产业和大学之间关系的动力学并用以解释政府、企业和大学三者间在知识经济时代的新关系。三螺旋模型理论认为，政府、企业和大学的重叠是创新体系的核心单元，其三方联系是促进知识生产和传播的重要因素。在知识转化为生产力的过程中，参与者之间的相互作用，从而推动了创新的螺旋上升。目前，三螺旋理论在高等教育领域的应用主要集中在创业型大学。三螺旋理论模型的演变大致可分为三个阶段：政府、企业和大学之间的约束模式；政府、企业和大学之间的自由放任模式；政府、企业和大学之间的三重螺旋模式。其中发展程度最高的就是三重螺旋模型，通常被称为三螺旋创新模型理论。它的具体结构是：在保持独立身份的同时，政府、大学和企业都显示出其他两个机构的一些能力，也就是说，除了履行传统职能外，政府、大学和企业三大机构也发挥了其他两大机构的作用。

三螺旋理论提供了一种方法学研究工具，它的核心价值在于促进区域经济社会发展中的政府、企业和大学的不同价值体系的统一，形成知识、行政、生产领域的三股力量整合，为经济的发展提供坚实的基础。创造这种协同效应的基石在于打破传统的边界，包括学科边界、行业边界、区域边界、概念边界并在边界部分建立新的管理、教育和社会运作机制。创业型人才培养是典型的社会教育培训模式，广泛的社会参与是社会教育的要求。在三螺旋高校创业教育人才培养过程中，各主体优势互补、资源互补是实现创业人才培养目标的基础。三螺旋理论强调大学、企业和政府三大创新角色的协调和同步，如果其中一个不起作用或作用较弱，必然会影响创新效果。三螺旋高校创业教育模式引入了政府与企业两大社会主体，并且高校、企业与政府是平行主体，从不同角度为创业教育活动创造了有利条件。

三、蒂蒙斯创业学理论

杰弗里·蒂蒙斯（Jeffry A.Timmons）拥有百森商学院“Franklin W.Olin 创业学杰出教授”的头衔，同时是普莱兹——百森商学院师资项目的主管，该项目为全世界创业管理课程的教师提供培训。自 20 世纪 60 年代末以来，蒂蒙斯教授一直是美国创业教育和研究的领导者之一，在创业管理、新企业创建、风险融资与风险投资研究、创新课程开发与教学等领域被公认为世界级权威，其观点形成了较为完整的创业理论体系。

（一）设定创业遗传代码

蒂蒙斯认为适应“创业革命”时代的大学创业教育，在教育理念方面不应如此短见。真正的创业教育应当面向未来，应当着眼于为美国的大学生“设定创业遗传代码”。他所说的“设定创业遗传代码”，是指通过一种独特的教育方式，将比尔·盖茨式的创业意识、创业能力和创业个性传递给受教育者，并将其内化为一种独特的创业品质。这样，美国就可以依靠这一人力资源优势，不断推动“创业革命”的车轮，影响和支配美国乃至全球经济。

显然，蒂蒙斯独特的创业教育理念是非功利主义的，更具前瞻性，更能够充分发挥高等教育的社会经济功能。

（二）建构创业过程模型

蒂蒙斯于1999年在他名为《新企业的创建》（*New Venture Creation*）的书中提出了一个创业管理模型。他认为，成功的创业活动必须最恰当的匹配机会、创业团队和资源，并与企业的发展保持动态平衡。创业过程是由机会引发的，创业团队成立后，要争取获得创业所需的资源，以便顺利实施创业计划。他认为，在创业过程中，机会不明确、市场不确定、资本市场风险和外部环境变化等因素通常影响创业活动，致使创业过程充满风险。因此，创业者必须依靠自己的领导力、创造力和沟通技巧来发现和解决问题，掌握关键点。同时，为保证新创企业的顺利发展，应及时调整机会、资源和团队的组合。在蒂蒙斯创业理论中，创业过程模型是目前公认的创业管理理论，其他理论都是在此基础上的补充、完善与量化。

（三）蒙蒂斯创业课程框架

按照蒂蒙斯创业学框架，他提出在创业课程中要引入修辞学、艺术、人文和社会基础的普通教育课程，实现文科、理科、工科课程互相渗透，鼓励学生选修其他领域的课程。在综合学科方面，他提出设立跨学科创业课程，使学生能够形成全面的知识结构。基于广泛课程的理念，蒂蒙斯不仅在百森商学院的课程计划中设置创业教育课程，还包括学生在学校从事或参与的任何学校组织所进行的与创业教育有关的活动或行为，整合学校资源，为不同学习阶段的学生提供“三阶段”本科创业教育课程体系，构建了“课程—课外活动—研究”之间资源共享，相辅相成创业教育课程生态系统。

（四）让学生成为探索者

蒂蒙斯认为，创业教育必须以学生为主体，让学生成为“创业革命”的探索者。任何一种新的教育理念不仅需要课程体系的载体，更需要有效的教学模式来实现创业教育的预期目标。在众多教学模式中，课堂教学是学校教学中最基本的教学模式。他强调，在创业教育教学过程中，学生应成为学习和实践的主体，与教师、教学内容和教学环境相协调，成为创业教育教学过程中的参与者和探索者。他突破了传统的“教材中心”和“课堂中心”

模式，鼓励通过智力激励探究、案例探究教学和“虚拟创业”探究等探索性教学方式，通过以学生为中心的实践体验创业过程，以积累创业潜能。

除了上述的理论外，美国工程师霍尔提出的霍尔系统工程的“三维结构论”、创业方盒理论等都对创业教育的生态研究具有重要的指导意义。

第三节　创新创业教育生态系统的构成要素

任何一个系统都是有多个相互联系、相互作用的要素构成，这些要素之间最本质的联系是通过食物链和食物网输送的营养来实现，从而在系统内部形成营养的均衡的。在高校，创新创业生态系统的构成要素，就像构造建筑物需要砖块、石头、水泥、大沙一样，也具有独立性、稳定性和可整合性的基本成分。

一、生产者：高校

生产者在生态系统中处于主导地位，它能够通过光合作用，把无机物转化成为有机物、把太阳能转化成化学能，从而在保证自身成长的同时，为其他的生物提供一定的物质和能量。在经济学中，生产者使能够做出经营决策的企业或者单位通过生产经营活动，在自身成长的同时，为社会创造一定的价值。

高等学校创新创业教育中，高校是生产者，需要依据教育环境的变化不断给学生提供优质的资源和条件。国务院办公厅《关于深化高等学校创新创业教育改革的实施意见》明确提出:“高校要落实创新创业教育主体责任，把创新创业教育纳入改革发展重要议事日程。”文件对高等学校如何定位、如何发挥作用提出了明确的要求。因此，高校作为教育主体，必须弄清楚“培养什么样的人、如何培养人”等核心问题，整合好推进创新创业教育的各种影响因素。一是传承因素。就是学校在长年的办学实践中所形成的“勇于探索”“鼓励创新”“宽容失败”等价值观和文化，这些观念和文化不仅是促进创新创业教育的“直接驱动力”，也是高校开展创新创业教育的根基与引擎，能够保证创新创业教育在领导层面有支持、氛围层面有认同、人才层面有欲望、资源层面有保障。二是教育因素。就是学校在人才培养过程中所涉及的教师及管理队伍、教育内容、教育方式、教育评价等要素。三是制度因素，就是学校在教育教学管理中所形成的管理制度、政策文件、扶持政策等。在创新创业教育生态系统中，高校作为生产者，不但要通过光合作用和化能合成作用进行自身的成长，还要为作为消费者的学生提供物质和能量。在这样一个封闭的生态系统中，生产者的生产速度能否与消费者或分解者的要求统一起来，直接决定了教育效能的发挥。这就要求我们在定位创新创业人才教育生态系统最核心的要素时，要兼顾自给自足和为其他要素供源两个方面的能力。高校只有承担好这样的双重任务，才能保证系统的整体均衡。

二、消费者：学生

消费者在生态系统中处于从属地位，他不能通过太阳能直接进行生产，只能直接或者间接地通过消耗其他生物获得能量，从而保证自身的成长。在经济学中，为满足生产经营活动而进行消费的自然人或者法人，都属于消费者之列。

高等学校创新创业教育中，学生是消费者，需要依据外部环境的变化，不断消耗高校提供的资源来达到自我成长的目的。根据教育部相关文件关于“把创新创业教育贯穿人才培养全过程”的指示，我们认为创新创业教育作为一种新的教育理念和教育模式，是可以通过一定的途径进行知识传授和技能培养，因是“可教、可传输、可培养”的。高校需要在人才培养计划或者方案中，科学设计创新技能和创新意识等相关能量，以保证学生创新创业能力的提升。从学生层面来看，影响创新创业教育的要素主要包括：打破常规的意识、坚忍不拔的品质、勇于探索的精神、创新创业能力等。创新创业意识是大学生从事创新创业活动的内在驱动力，集中体现为对创新创业成功的强烈愿望或者取得创新创业成功的梦想，主要包括商机意识、转化意识、战略意识和风险意识。创新创业心理是大学生创新创业实践过程中对自身的心理和行为起调节作用的个性心理特征，主要体现为人的独立性、敢为性、坚韧性、克制性、适应性、合作性等特征。创新创业的成功受外部因素的影响，但更大程度上取决于学生个体的心理品质。创新创业精神是指在创新创业过程中所体现出来的自信、自强、自主、自立等特质，表现为：积极提升个人的能力与才干，不断克服各种不利的约束与限制，从而使自己成为生活与事业的强者。创新创业能力是保证创新创业成功的一种基础性条件，是创新创业取得成功的决定性要素。在创新创业教育生态系统中，学生作为消费者，不但要通过资源的吸收促进自身的成长，还要为生产者反馈信息，从而保证教学相长。在这样一个封闭的生态系统中，消费者的消费需求要与生产者要求统一起来，才能保证教育效能的实现。这就要求我们在定位创新创业人才教育生态系统最核心的要素时，要兼顾供、求两个方面。

三、分解者：载体

分解者在生态系统中的地位十分重要，他们将动植物体中残留的复杂有机物进行分解和释放，供生产者再一次利用，从而在循环中实现能量的均衡。如果没有分解者，生态系统中的物质将被锁在有机质中不能被生产者利用，物质循环就会终止，整个生态系统会崩溃。

在创新创业人才教育生态系统中，分解者主要由实习实训中心、工程实验室、工程技术中心等教育载体来扮演。在这个平台中，教师在课堂上传递给学生的基础知识和基本理论，要通过实践平台来检验。而学习效果最明显的表现就是学生能否在实践中熟练运用，把知识转化为能力。教师教学技能或者教学手段不足，抑或是学生接受能力或者其他条件难以满足要求，所有传授的知识并不能全部被吸收，有些需要进一步地反复学习。因此，教育载体在本质上就是沟通生产者和消费者间信息的有效传输，确保生产与消费的一致或者统一，其在教育功能上具有多样性。分解者的作用通常不是通过一次作用完成的，不同的阶段、不同层次的分解要求要通过不同的方法来完成。从这种意义上来说，在创新创业教育生态系统中，对分解者的能力有多样化、多层次、高标准的要求。鉴于“多样化”和“沟通桥梁”这两个重要的角色特征，高校必须整合好校内的所有资源平台，积极为学生创新创业能力的提升提供有效的支持或者保证，这是构建高效的创新创业教育系统的重要环节。

四、影响者：环境

影响者在生态系统中处于基础地位，生产者要将无机环境中的无机物合成为有机物进入生物群落，必须适应光、气温、降水、风、土壤等环境因素。否则，该系统很难正常运转。

高等学校创新创业教育中，环境是分解者，通过“分解”的方式保证整个系统的有效运转。环境因素主要包括以下方面：一是国家政策环境。当前，国家为推进创新创业活动的开展，出台了一系列政策措施。二是经济环境。近几年来，我国经济进入结构优化调整和实施创新驱动发展的新常态，经济发展态势日趋良好。因此，我们必须适应经济发展的新常态，主动融入一些新兴产业，抓住一些新的机遇。三是科技与教育环境。国家正在推进一流大学和一流学科建设，科技成果转化为现实的生产能力大势所趋，教育发展模式也逐渐转化到提升内涵和发展质量上来，就业环境的变化呼唤教育教学模式的改革。将创新创业教育融入大学生日常学习生活中，能够更好地适应高等教育改革和毕业生就业供给改革的需要，培养更多社会需要的高层次人才。

第四节　国内外创新创业教育生态系统研究的现状

一、创业生态系统研究现状

（一）内涵研究

自然生态系统研究和创业活动研究的整合研究产生了创业生态系统的概念。Tansley在开展生态学理论研究时，提出了生态系统的概念，认为生态系统包括各种有机生物体和无机环境，是通过生物体之间以及生物体与无机环境之间的复杂交互作用所形成的整体。创业系统的概念是由 Olav R.Spilling 首先提出的，他认为各种复杂的、多样化的因素互相影响共同决定了一个地区创业绩效，创业系统在推动地区经济发展起到了重要作用。他认为创业系统是由三部分构成的，其中包含了许多组织和活动，在该系统中的相关主体对创业活动发挥交互作用。

此后，许多研究者开展了创业生态系统的内涵概念研究，尝试从多方面对创业生态系统进行构造。Neck 等通过研究对创业生态的概念进行描述分类，将系统分为两个主要部分。一部分是与创业相关的机构，包括各类衍生企业；一部分是有关网络、设施和文化等与创业有关的要素。Vogel 认为创业生态系统是一种交互群落，扎根于特定的地理区域，系统内要素联系紧密，相互依赖，在相互作用中逐步演化，最终可以通过创业主体和环境相互作用推动新企业的创立。Colin Mason 认为创业生态系统是相互联系的创业主体、创业组织、创业机构以及创业过程通过正式和非正式的联合从而连接、调节、管理一定区域创业环境绩效的集合。

国内研究方面，国内研究创业生态系统起步较晚，关于内涵的界定研究相对较少。林嵩认为创业活动主体本身是一种有生命力的组织活动，其发展过程遵循优胜劣汰的竞争原则并且依托创业环境进行演化，即认为创业生态系统主要有两个主要部分，一是新创企业本身，二是新创企业所处的创业生态环境，两者之间相互影响、相互作用形成了动态平衡系统。赵涛等认为创业群落和其所存在的环境构成了系统，推动了创业行为的集体进步；沈漪文等将系统看作是一种环境，认为这种环境是创业者实现创业成功所必需的。赵夫增从世界互联的角度研究了创业生态，将创业生态系统定义为特定空间内从事类似或关联业务的一大批创业企业群落与创业环境的统一体。项国鹏等认为创业生态系统的核心是创业者，围绕创业者，例如政策引导、金融服务、中介服务等要素开展协同，各要素之间共同作用提升创业的效能，促进区域创业活动繁荣。

（二）创业生态系统模型构建及构成要素

国外研究方面，Daniel Isenberg 将创业生态系统分为六个部分，这六个部分需要数以千计的要素通过复杂的关联方式相互配合，因此，每个生态系统都只在特定的环境和状态下形成。Suresh 等提出系统是由八个不同类别的子系统组成的。Koltai 等认为创业生态系统是一种网络，其围绕创业主体开展活动，由六个关键要素和六个活跃的参与主体互动组成。Mason 等提出要从三个层次构建创业生态系统，对金融、经营支持和文化氛围等八个方面的要素进行分析。

国内研究方面，部分学者根据自然生态系统构建了创业生态系统模型。林嵩参照自然生态系统的构成构建了创业生态系统理论模型。肖勇军尝试构建了科技园区创业生态系统的要素模型，将科技园区创业生态系统与自然生态系统进行对照类比，确定了各成分的要素内涵。覃睿重点研究了国家整体的创业生态问题，探讨了要素之间的相互关系。项国鹏以创业网络的形式汇聚于整个动态创业过程，构建了创业生态系统动态模型。

综上，创业生态系统的研究比较系统，也比较全面，其主要的内涵和组成要素等也都有着丰富的研究。高校创新创业教育生态系统与创业生态系统是按照同一思想构建的生态系统，并且在功能、要素等方面有许多类似或相同之处，由此，我们可以确定以生态学理论指导创新创业教育生态系统的评价研究是可行的。

二、高校创新创业教育生态系统研究现状

国外研究方面，国外学者首先对高校创新创业教育生态系统的内涵进行研究，Dunn以麻省理工学院为例，创造性地提出了基于高校的“Entrepreneurship Ecosystem（创业生态系统）”概念，并以此分析了美国麻省理工学院的创业生态系统构成。Amodu 提出了“创业者生态系统（Entrepreneurship's Ecosystem）”的概念，指出大学是一个创业者的生态系统。以上两位学者共同的观点认为：创业者生态系统是创业教育成长和发展的前提和基础，要成功地进行创业教育，应关注创业者生态系统对创业过程的影响。Thomas 等在研究创业教育生态系统时，更加注重对教育部门如何提高学生的创业能力进行研究。

之后，研究进入基于特定情境的创业者行为与环境互动发展的阶段，研究的重点在于如何挖掘有助于推进高校创新创业教育生态系统的整体性构建。Mason 强调高校各个机构都应当在创新创业教育生态系统中发挥积极作用。Valentina 为高校创新创业教育生态系统的研究搭建了一个虚拟平台，强调高校实验室对创业教育的助推作用。

国内研究方面，国内对于高校创新创业教育生态系统的研究大致经历了两个阶段：第一阶段是经验借鉴研究阶段，属于理论研究的探索阶段。王保义认为高校开展创新创业教育，构建一套完整的生态系统体系是非常重要的。刘月秀对国外高校创新创业教育生态系统对我国的借鉴进行了研究。何郁冰等分别对德国、美国等西方高校的创新创业教育生态系统的运营模式、发展历程、经验成就进行研究，论述国外高校创新创业教育生态系统模型及其对我国“双创”发展战略的意义。第二阶段是本土化实证研究，在对国外高校创新创业教育生态系统经验学习、总结借鉴的基础上，国内学者围绕我国高校创新创业教育生态系统的价值开展研究。张玉利等重点研究了创新创业教育生态系统本土化的价值问题。卓泽林等对我国创业教育较为活跃的地区展开研究，进行系统的本土化探讨，从文化环境、技术环境、区域环境、创业主体的专业特征与学习等方面对我国高校创新创业教育生态系统进行了探讨。

综上，高校创新创业教育生态系统的研究逐渐受到学者的重视，其评价研究对于提升高校创新创业教育水平具有重要意义。但当前研究中，还存在一定的不足，对高校创新创业教育生态系统的评价研究还比较少，同时，对系统内要素的界定通常只注重单方面研究，缺少整体的研究评价。并且研究多集中在案例分析、理论综述等方面，缺乏量化评价的探索。

三、生态位态势理论研究现状

国外研究方面，生态位的理论术语首先是由 Grinnell 在研究长尾鸣禽的生态关系时提出的，其定义为“一个种或者亚种占据的最后生态单元”，与当前学术运用不同的是其更强调空间的重要性。在自然界中，任何生物单元都在不断地与其他生物单元之间产生联系和作用，并且形成一定的结果和影响，因为是相互之间作用产生的，则其地位必须建立在与其他生物单元相比较的基础上。在这种生物单元互动作用和交流的情况下，生物单元的相对地位要包含两个方面内容：一是生物单元现有的状态，例如能量、个体数量、资源占有量等可以被称为生物单元的状态，这是与环境相互作用长期发展积累的结果。二是生物单元在环境中发展成长起来的影响力和支配力，例如能量和增长率等能力。前者可以被称为生物单元的态，后者则为生物单元的势，生态位态势理论由此产生。国外对生态位理论的研究主要集中在生态学本学科的研究，Wallach 等评估了文化生态位构建框架解释人类现象的能力，分析人类进化的两个重要阶段。William 等解释了一些围绕生态位定义的基本问题，用简单的资源–消费者理论解释说明这些基本问题。Angela 等回顾了生态位理论的主要概念，并探讨了它们的理论和实证关系，重点研究了现代生态位理论的资源供给率、影响生态位转化为稳定共存关系的过程等问题。

国内研究方面，生态位是一个比较抽象但内涵丰富的概念，自提出以来就受到学术界的广泛关注，经过数十年的研究和深化，其内涵和定义得到了拓展和细分。我国学者从 20 世纪 80 年代开始开展生态位态势理论的分析研究工作，并将生态位态势理论的应用范围进行了拓展和提升，使其不仅运用于生态学方面，还运用于人文社会研究方面。李伟等认为高校教师教学能力的评价也可以从生态位态势理论的角度进行分析，其也具有“态”和“势”两个方面的属性，即从高校教师教学能力当前的成果和发展潜力两个方面进行评价。王猛着眼于生态位态势理论开展了教师科研能力的评价研究，应用层次分析法对评价指标体系进行设计。在生态位态势理论的基础上，提出科研能力评价指标体系的设计原则。于树青等从生态位的视角开展了城镇品牌战略研究，用生态位的模型对城镇进行分析，通过分析帮助明确城镇所处的环境和系统构成，进而明确所在城镇应有的品牌定位。周毅等以生态位态势理论作为指导研究体育产业发展特征，通过理论分析构建了四个生态位维度，包括全面发展、协调发展、可持续发展和体育产业发展，运用案例分析法分析了部分省份体育产业发展的基本特征。刘斌等借鉴生态位态势理论，研究城市在城市群中与其他城市相互联系过程中所形成的相对地位和发挥的作用。

国内关于生态位态势理论与创新创业结合方面，肖勇军依据生态位态势理论的思想设计了科技园区创业环境的评价指标体系，对科技园区创业环境的构成要素展开了理论分析，从园区发展现状和未来发展潜力两个方面开展综合评价，构建了包括基础设施环境、创业文化环境等八个维度的指标，并应用量化评价的手段建立了模糊层次评价模型。金圣塔基于生态位理论对大学生创业素质开展了探索研究，通过实例分析、理论分析等方法分析了对大学生创业素质有重要影响的关键因素，并提出相应的可行性对策，还提出要构建差异化创业培养的模式。王鹏基于生态位理论构建了生态位因子模型来对企业创新能力进行分析研究，并且通过分析企业创新能力和企业生命周期理论，提取出影响企业创新能力的四类因子。陈瑜等分析新兴产业空间形态创新的生态位演化路径，并构建了新兴产业空间形态创新的演化博弈模型，并且使用Lotka—Volterra模型开展理论分析，推演了生态位演化的各类情况。吴琳等依据生态位态势理论的基本思路开展成分要素分析，分析了社会创业生态系统的内涵和构成，确定了生态位宽度与重叠度等八个研究角度。王书升就孵化器发展水平开展了测算研究，充分利用了生态位态势理论和扩充理论。刘月秀等运用生态位态势理论对创业教育生态系统的要素内涵进行了解构和分析，为实现创业教育发展和人才培养效果最大化提供了新的观点和借鉴。张超等通过对斯坦福大学、慕尼黑工业大学创新创业教育的实践进行研究与分析，引入生态系统和生态位理论观点，厘清了我国高校创新创业教育生态要素的相互关系和交互作用机制，构建了多元主体共同参与、协同共建的生态系统。

综上，生态位态势理论作为衡量评价自然生态系统的一种科学理论，在人文社科研究当中也大放异彩，为广大社科研究者提供了新的思路和视角。当前学者在研究创新创业教育生态系统时，也尝试引入过生态位态势理论进行分析，取得了诸多成果。在创新创业教育生态系统综合评价方面，该理论的运用还没被涉及，诸多研究成果表明运用生态位态势理论可以拓宽评价的广度，挖掘评价研究的“隐性”指标，使所构建的指标体系更具有科学性。

四、文献述评

通过相关文献梳理发现，当前创新创业教育的相关问题日益被国内外研究者重视，研究者对相关概念的内涵、要素等内容开展了探讨和研究，并借鉴国内有益经验研究本土化问题。同时与之密切相关的创业生态系统研究成果比较丰富，也为创新创业教育提供借鉴，在文献研究的过程中，我们可以看到对高校创新创业教育生态系统综合评价的研究较少，且研究还存在一定的不足，同时，发现并利用生态学的相关理论对于开展研究有着重要意义，主要有以下内容。

（一）创新创业教育评价研究较少，系统性与科学性有待提升

当前，主流创新创业教育研究的文献大多聚焦于外国经验介绍方面，相关的内涵分析和理论构建比较少，对综合评价研究的认识还不足，同时，在研究过程中，突出强调某个或者某几个要素，存在单一化问题，对于创新创业教育的评价缺乏系统化整体性研究，同时缺少数据量化评价研究。

（二）生态位态势理论提供研究新视角

生态位态势理论越来越受到研究者的重视，这一理论为我们开展人文社科研究提供了新的视角。我们发现并利用生态位态势理论，拓宽了研究许多研究的研究视角，使学者们更加注重对于“隐性”要素及指标的挖掘，使评价指标更加具有说服力。因此，生态位态势理论的运用具有一定的可行性，并能够解决当前研究的不足。

第五节　生态与高校创业教育的内在联系

世界经济在二战后得到恢复与发展，20 世纪 60 年代末至 20 世纪 70 年代初，随着科学技术的快速发展，生产力的不断提高，人类对生物圈的影响和干预不断加强，人类与环境的矛盾日益突出，全世界面临着资源短缺、能源危机、环境污染等问题的挑战。人们在寻找这些问题的原因及解决办法的过程中，认识到生态学对创造和保持人类高度文明的重要作用。从此，生态学冲出了学术园地，从高楼深院走入社会实践及经济建设领域中，引起了全社会的兴趣和广泛关注。同时，面对社会问题给教育系统生存和发展带来的深刻影响，“教育危机”成为许多教育理论和实践工作者关注的问题。面对教育体制的发展变化和动态失衡，人们需要一种新的研究视角来探讨各种教育问题，而生态学的思维与方法在教育研究中的应用成为人们的选择之一。

一、“生态”理解的三重性

不同的学者从不同的角度对“生态”的概念给出了不同的表述。有学者认为，生态是由生物及其环境形成的结构，是由这种结构表现出来的功能关系。有学者认为，生态是指生活在某一地区的所有动植物之间以及动植物与其环境之间的关系，它包含着系统性、整体性、联系性和平衡性的含义。同时，也有学者从哲学的角度对生态进行了界定，认为生态是主体生命中各种基本要素有机联系、良性互动形成的生命状态。一些学者认为，“有机体与环境之间存在的各种因素及其相互作用的关系是生态”。生态哲学是从生态系统的角度和方法来研究人类社会与自然环境的相互关系及其普遍规律的科学，是将人类社会与自然世界相互作用的社会哲学研究整合起来的。生态哲学为我们分析和解决问题提供了一种新的思维方式，它使我们能够从生态的角度来研究现实事物，观察现实世界，建立一个完整的生态系统观。

（一）作为一种实体描述的“生态”

“本体论”的研究起源于古希腊哲学史。从米利都学派开始，早期的古希腊哲学家就致力于探索最基本的元素。对这种“原始”的研究成为本体论的先驱，并逐渐走向对存在的讨论，而“存在”和“行为”是对真实事物本身的描述，包括其基本属性和特征。亚里士多德认为哲学研究的主要对象是实体，实体或本体论的问题是关于本质、共同阶段和个体事物。他认为研究实体或本体论的哲学是高于其他科学的第一哲学。此后，本体论的研究转向了对自然与现象、普通与特殊、一般与个体之间关系的研究。德国哲学家沃尔夫认为：“本体论讨论了关于抽象的各种完全普遍的哲学范畴，并认为‘有’是独特的、好的，其中有唯一性、对偶性、实体性、因果性、现象性等范畴，这是抽象的形而上学。”在《辞海》里，本体论是指研究世界的本源或本性问题的理论。《中国百科大词典》中对本体论的定义为“关于世界本原或本质的哲学理论”。当然，我们无意在这里对本体论的主要概念和定义进行深入探讨，也亦非研究本体论哲学，只是借本体论来理解和认知“生态”作为实体描述的概念。

虽然上述不同哲学家和研究者对“本体论”的定义不尽相同，但普遍认为“生态论”是关于一切实在的基本性质的理论或研究，是一门考察“是”的哲学，因而其本身是一门“是论”。在这里，我们用“本体论”的思维来透视和研究“生态”的概念，就是要强调对生态本身的最初含义的理解和追溯。虽然在人类生活的很长时间里，并没有“生态”的明确概念，但是人们早就意识到生活的环境对自身的影响和制约作用，所以，“生态学”最初来源于“住所”“栖息地”之意。随着人们对自身“住所”和“栖息地”的选择越来越多，在对周围环境因素的影响作用日渐认识的同时，也催生了人们对有机体与自然环境相互联系和相互影响的考察与研究，生态的概念从生物学研究当中被明确提出来并逐渐被人们所认可。像其他学科一样，生态学也逐渐走上了不断更新、发展的过程，由生物个体生态学向生物群体与群落生态学、生态系统生态学、人类生态学、人文生态学延伸发展。在这个过程中，生态学也从最初研究“动物与无机界之间的关系”扩展为研究“人与自然环境乃至社会环境之间的关系”，实现了研究对象的扩展与丰富。从本体论的视角，如今的生态概念所指的“是”已经比最初的时候在内涵上丰富了很多，生态是构成某种生物的个体种群或某个群落的各种生态因子的总和及其相互关系。

（二）作为一种分析方法的“生态”

方法是人们认识和把握对象所必须借助的手段，是人类生存不可回避的路径，是关于认识世界和改造世界的目的、方向、途径、策略手段、工具及其操作程序的选择系统。从狭义的角度，方法是指研究视角、手段、工具、程序、规则等方面的内容。当把生态作为一种分析方法来使用时，其实就是生态所蕴含的丰富的生态思维、生态意识和生态视角的分析。从前文中不难看出，生态学之所以能够在20世纪中期以后迅速扩展并与众多其他学科相嫁接，主要在于生态学天然蕴含的生态思维方式。生态思维开启了一种新的整体论思维方式。生态的方法论价值的产生和发展同时代的发展是密切相关的。近代建立在牛顿力学基础上的机械论思维模式作为一种世界观以二元论和还原论为主要特征，它试图用力学定律解释一切自然和社会现象。“牛顿–笛卡尔”世界观的分析性思维思考问题时强调对部分的认识，用孤立、静止、片面的观点看问题，认为认识了部分，找出哪一部分是主要矛盾，一切问题也就迎刃而解了。它割裂了主体与客体、局部与整体之间的有机联系，最终形成人与自然相疏离。

“牛顿–笛卡尔”世界观是工业革命以来的三百年时间里，人掠夺自然、主宰和统治自然的哲学基础。随着时间的推移，这种思维方式与人类社会历史发展的适应性程度明显不足，渐渐呈现出诸多弊病之处。有机论是代替笛卡尔机械论世界观的一种新的世界观。随着时代的发展，以有机论为特征强调事物和现象之间相互联系和相互作用的整体性的思维日益得到彰显。美国环境哲学家科利考特说：“一种世界观，现代机械论世界观，正逐渐让位于另一种世界观。谁知道未来的史学家们会如何称呼它——有机世界观、生态世界观、系统世界观……”生态世界观，科利考特称之为“后生态学”，提出了有机论具有统一、相互联系、辩证地冲突与互补、系统性、稳定性、整体性等特点。关于有机论的认识过程，罗尔斯顿指出：“我们对自然的反应（认识）是基于生态的。”汉斯·萨克塞也说：“生态学分析方法认识到一切有生命的物体都是某个整体中的一部分。”科学的生态学思维，是用生态学思考、认识和解决问题，全面和辩证地把握所研究的对象。它是在现代科学技术革命及其严重性后果的影响下，形成的特殊辩证思维，特别是生态学向人类生态学发展，它从自然科学发展为综合性科学，自然科学和社会科学全部新思潮都在这里得到体现和现实化。

（三）作为一种价值观念的“生态”

价值属于关系范畴，从认识论上讲，是指客体能够满足主体需要的利益关系。这是一个哲学范畴，表达了客体的属性和功能与主体需要之间的效用、利益或效果关系。在历史和现实中，价值一直是一个有争议的话题，既是一个普遍常见的概念，也是一个内涵丰富的概念。德国价值哲学家、新康德主义弗莱堡学派的创始人文德尔班认为，哲学问题就是价值问题，他把世界分为“现实世界”和“价值世界”。因此，他将知识分为“事实知识”和“价值知识”，他认为任何知识都不能脱离价值，应该以价值为标准，甚至提出社会历史科学也不外是关于价值世界的科学。马克思主义哲学认为，价值思维的起点是人与外部事物的关系，价值并不反映一个独立的实体范畴，而是反映人与外界的关系范畴，认为价值的本质是显示的人与满足一定需求的对象属性之间的关系，任何价值都有其客观基础和来源，并具有客观性。价值不仅是客体属性的反映，也是对客体属性的评价和应用。简言之，价值是客体属性对主体需求的满足关系。当然，我们并不是为了区分现有的哲学概念和价值内涵，而是通过对“价值”概念的解读，为我们对生态概念的理解提供一种“内在关系”。生态价值源于人们对自然价值存在前提的认识。传统哲学和科学认为只有人才有价值，没有人自然就没有价值可言，他们发展了一种自然无价值的科学和哲学。罗尔斯顿提出，“20世纪价值主观主义是主流的观点，认为世界本身是毫无价值的，价值源于人的心灵深处，这是主观的。”然后，他指出，“价值一旦与我们在主观层面体验和从理论上讨论的生命功能联系起来就很容易了。虽然价值体现在个体生活中，但它超越了个体生活，以一种整体互动的方式出现。”

关于自然价值是主观的还是客观的，有学者从本体论、认识论和实践论三个层次进行了分析。罗尔斯顿对个体生命价值及其外部整体联系的肯定超越了传统价值主观主义和客观主义的局限，为自然价值的认知存在确立了理论前提，即“生态价值”已被人们所确认。“生态价值”是“生态哲学”的基本概念，随着现代生态哲学作为一种普遍的思维方式在不同学科中的应用，生态的定义及其价值界说将更加丰富多彩。生态价值是“一般价值”在哲学中的特殊体现，满足生态环境客体的需要和发展过程中的经济判断以及人与生态环境主体和客体关系中的伦理判断。自然生态系统独立于人，独立于系统功能判断。对“生态价值”概念的理解值得特别关注。第一，生态价值是一种“自然价值”，即自然物体和自然物体对整个自然系统的系统“功能”。这个自然系统功能可以看作是一个“广义”值。为了人类的生存，它是人类生存的“环境价值”。第二，生态价值不同于我们通常所说的自然物体的“资源价值”或“经济价值”。今天，生态价值已经成为一种独特的生态概念的释义和理解范式，主要体现在自然的“三个过程”，即运动过程，表现在自然系统的整体关联与相互作用；发展过程，表现在自然系统的动态变化与蓬勃发展；共生过程，表现在自然系统的内在互动与和谐共生。

人们对生态的理解实质根源于人类对生态意识的深化与发展，这种深化与发展过程本质上与人对人类与自然关系的认识与发展是同步的。生态的理解从本体论到方法论，再到价值论的延伸与扩展，根本上是基于人对人类与自然生态环境之间的相互关系的深刻反思。生态学所揭示出来的生态系统中各要素的相互依赖，系统的平衡性、有机性和整体性都揭示出一幅与传统机械论自然观迥然不同的图景，孕育了一种整体平衡、有机联系的价值观。

二、生态视域蕴含的内在特征

生态学的描述产生了对自然的评价，肯定了生态系统的“对”。从“是”到“好”再到“应该”的转变就在这里发生了，生态描述让我们看到生态系统的统一性、和谐性、依存性和稳定性等，而这些特征正是我们评价时所要肯定的。前文中对生态概念理解的三个维度是对生态的认知进一步加深的过程，在这种过程的背后蕴含着一系列人们认知视域的转变。视域是一个在胡塞尔、海德格尔、狄尔泰和其他现象学及解释学哲学家们的著作中被赋予了特殊哲学意义的词。视域是一个人在其中进行领会或理解的构架或视野，生态学视域下对高校创业教育的认知首先要实现认知思维的转换。

（一）从局部分析到整体关照

整体性通常与事物的关联性是联系在一起的，正是由于不同事物之间的普遍联系最终构成了系统的整体性特征。带有整体性的事物通常可以被理解为一个系统，事物之间的关系则表现为一个系统内部要素和要素之间的联系，也就是说，整体性事物本身包含着系统与要素的关系范畴。从局部到整体的考察分析方法的是生态确立的首要转变。正如美国学者 Ervin laszlo 提出的，生态思维是从系统论的角度来看待世界。今天，我们看到的是另一种思维方式的转变，既要谨慎、细致，又要全面。也就是说，构成一个集合自身的性质和关系的整合，需要从与整体相关的事实和事件的角度来思考。

局部分析的方法根源于机械论思维，以现代哲学为依据，考察机械论思维具有以下特点：存在论的二元论，强调主客体的分离，人与自然的分离和对立，否认人与自然的相互关系和相互作用；认识论的还原主义，强调人对世界认识的消极性，自然万物不以人的意志为转移，具有客观独立性，人的认识只有通过理解其各组成部分才能最终认识整体，即对事物整体进行还原；方法论的分析主义，用孤立、片面的观点看问题。正如笛卡尔主张：

“以最简单最一般的规定开始，让我们发现的每一条真理作为帮助我们寻找其他真理的规则。”奥地利科学家贝塔朗菲通过对机械论和活力论当中存在的不足的批判提出了有机论，他通过开放系统来定义和描述生命体，即开放系统通过持续地交换物质和能量来维持其动态存在，进而提出一切有机体都是一个整体的系统观点。整体性是生态思维最为鲜明和最为基本的特征，这种思维强调从整体的角度来考察局部的存在状态和存在模式，强调事物发展的整体性，并从一个综合的角度来把握整体上各单元之间的相互关系以及系统与系统之间的相互关系。分析整个视野下的系统，在系统的基础上连接整体，在系统与整体统一的基础上理解世界。

马克思认为，“自然界是一幅由种种关系和相互作用无穷无尽地交织起来的画面，其中没有任何东西是不动的和不变的，而是一切都在运动、变化、生成和消逝的”。这是对自然的整体性、系统性的客观描述。任何事物的存在不仅依靠其他个体事物，而且依靠整个系统本身。高校创业教育的有效性是创业教育存在与发展的根本性问题，也是创业教育研究与实践的根本落脚点。用生态整体性思维认知并审视高校创业教育的有效性，创业教育作为一项社会实践活动，其本身就是一个生态系统，同时也是整个社会生态系统的一个子系统。当前，我们把创业教育研究的出发点仅仅局限在教学问题而不是社会问题，这是创业教育有效性在思维方式的一个重大偏差。要提升创业教育的有效性，仅靠传统局部的创业教育是不够的，要把创业教育的研究思维扩展到整个社会系统中以实现创业教育系统中各要素的动态平衡。

（二）从实体思维到关系探究

从实体思维到关系思维的转变不仅仅是生态思维的典型特征，同时，也是传统哲学向现代哲学的一种重要转变。实体思维把存在预设为实体、把宇宙万物理解为实体的集合，并以此为前提来诠释世界。对于实体思维，无限复杂的宇宙可以还原为某些基本实体，其思维逻辑是“存在=实体=固有质”。实体思维正是缺乏对自然界之间相互依存关系的考察而渐渐成为一种形而上学的思维。正如马克思所言：“孤立、逐个地和分别地加以考察研究对象的思维方式初看起来似乎极为可行，因为它是合乎所谓常识的，但一旦跨入广阔的研究领域，就会变成片面的、狭隘的、抽象的，并且陷入无法解决的矛盾。”由于哲学本身的进化，为解决实体思维的困难，关系思维在逻辑上出现了。

所谓关系，是一种哲学范畴，反映事物与其特征之间的相互联系。它是不同事物和特征的统一形式，是一种“从关系的角度看一切”的思维。正如黑格尔所说：“现实中存在的一切都存在于关系中，所以真正存在的不是抽象的、孤立的，而只是存在于另外一个事物中。仅仅因为他与他的对象有内在的联系，他才与他自己有联系，这种关系就是自己与其他事物之间联系的统一。”根据关系的思考，每个存在的基础都是由无数其他人形成的关系和领域。存在是通过特定的中介和在特定的“相空间”中无数潜在因素的组合和表现。一切所谓实体都与周围的环境发生这样或那样的联系，实体间的相互联系是通过物质、能量和信息的交换实现的。就某一种具体事物而言，其通常具有多重属性，但表现为哪一种属性，则取决于与他物之间的相互联系与作用。黑格尔在《精神现象学》中提出：“所谓个体，就是在与其他事物的关系中保持其自身的那种事物。”

从实体思维到关系思维，反映了辩证法思想的价值存在，生态概念所蕴含的关系思维，就其实质而言，正是一种辩证法思维。生态思维要求人们从追求事物本质和追求宇宙本质的绝对和单一的思考方式转变为关注事物本身的活力和生机，并在它们之间建立有机的联系。在思维过程中，它体现了事物存在的对立统一，使事物的独特性和多样性有机地结合在一起。生态思维的转换，在整体把握创业教育认知结构的同时，促进创业教育研究思维的核心概念、研究方法的与时俱进，促进创业教育研究与发展的工具性思维向科学思维的转变，为当前创业教育研究思维的发展提供有效参照。

（三）从封闭单一到开放多样

思维视野越是广阔，则思维的广度越大，认识越周全，见解也越有深度。要扩大思维的视野就要坚持思维的开放性和多样性，开放意味着普遍的交往和普遍的联系，生态思维是开放的多样性思维。生态思维就是要应用广阔的思维视野将世界看成一个开放的和多样的系统构成，开放意味着组成的多元，多元则蕴含着生态系统及其要素组成的差异性。生态思维在认识到生态系统整体性的同时，也认识到生态系统的丰富多样性，生态思维的多样丰富性观念体现了辩证唯物主义中联系的多样性特征。生态系统的开放性和多样性揭示了唯物辩证法所提出的“世界是普遍联系的，联系是复杂多样性”观点，只有开放性的多样性思维才能更好地揭示事物的普遍联系和尊重生物的多样性的客观存在。

整个生态系统是由不同特征、性质和功能的要素组成的有机体，以一定的比例相互作用，这也导致生态系统内部和生态系统之间广泛的物质运动、能量转换和信息交流。开放是封闭的对立面，开放使思维领域更加宽阔，封闭使思维领域更加狭窄。生态系统是一个开放循环系统，它的开放性主要体现在自然孕育的事物与许多其他事物之间的联系上，生态系统内部和之间存在着普遍的物质、能量和信息的交换。其循环性主要体现在生态系统内部的相互循环和生态系统与外在环境之间的开放循环。所有的实践活动必须在保证生态系统的开放性和可循环性的原则下进行，生态系统从其形成过程看是开放循环的体系，正是这种循环开放，才有利于生态系统内部各要素之间吸取对其自身发展有利的因素而逐步壮大，形成生态系统的多样性。

高校创业教育生态系统作为高等教育系统的一部分，同时也是社会系统的组成部分，其开放性思维体现在当前世界经济创新发展的全球化浪潮中，必须用开放的眼光来探讨我国创业教育进一步发展的方向；其循环性思维体现在与经济系统、教育系统、家庭系统和社会系统之间的物质、能量和信息的交换，学校、家庭、社会作为创业教育的三大基本场域，创业教育生态系统要在与其他系统的交互过程中汲取自身发展壮大的要素和资源。创业教育生态系统内部各要素之间交互影响、彼此作用，并与外部环境之间开放循环；其多样性思维体现在面对高校不同受教育者的不同需求和现状差异，开放多样性的生态思维转换将促进创业教育的研究与实践以更为广博的视野、更为深入的视角来关注和满足不同主体的多样性和差异性需要，推进创业教育的公平。

（四）从静态要素到动态平衡

从静态到动态的过渡是生态思维的主要特征，我们必须从广泛而复杂的联系来认识世界，从事物的动态发展来把握事物，因为在广泛而复杂的联系中，任何动态的变化都可以造成整体的动荡，即所谓的“蝴蝶效应”。正如恩格斯所指出的，“物体是有某种联系的，他们之间互相影响，这种相互作用就是运动，如果没有运动，物质是难以想象的。”

普遍的联系、动态、和谐和辩证的冲突与互补、共存与共生，成了生态世界的特征，从分析取向上，从静态到动态的变化是生态学方法的基本特征。动态体现着生命的存在性特征，表现为一种发展、联系的状态。在恩格斯看来，“运动，从最一般的意义上说，它被理解为一种存在的方式，被理解为物质的固有属性，包括在宇宙中发生的所有变化和过程，从简单的位置转变为思考”。生态思维是一种动态平衡思维。动态平衡之所以是其内涵的价值，是因为从生态学的角度来看，生态系统始终是一个互利共生的动态平衡体系。我们通常把“平衡”理解为“静态”的同义词，错误地认为平衡是“固定不变的”，而生态平衡则是在相互依存、相互制约的过程中形成的动态平衡以及系统内各要素的相互协调。动态平衡不仅是生态系统生存的基础，也是生态系统发展和演化的本质属性，更是推动生态系统从更合理的生态结构向更有效的生态功能转变以取得更明显的生态效益的不可避免的方式。

生态思维中的动态分析既是生态观的基本特征和要求，也是借助于生态视域来分析高校创业教育的基本要求。创业教育作为一种教育实践，是一种持续的运动、变革和发展。我们应该把创业教育理解为一个过程，而不是一个事件，我们应该看到创业教育的动态发展和复杂性。创业教育的地位、内容、方法和目标将随着社会时代的变化而变化。随着社会关系的变化和经济结构的调整，创业教育体系的构成要素也呈现出一定的差异和发展。因此，创业教育的研究与实践不能简单地停留在传统的经验层面，不能放置在一个静态的真空中。运用动态、多元化的研究和开发思维，建立具有高水平思维战略的创业教育长期发展机制是必要的，一方面要充分满足当下不同教育利益相关者主体的多元化需要，促进创新人才培养和创新型国家建设，另一方面要具有一定的前瞻性和现实超越性，根据事物动态发展规律，科学预测和引导创业教育的目标定位和发展方向，在制定和设计政策制度、组织机制、教学内容和教学方法的过程中做到与时俱进。

三、“生态”理解的启示：认识创业教育的三种视域

“生态”概念及其世界观、方法论的出现，在一定意义上说，是人类实践活动发展的必然。正如恩格斯所说：“在历史的发展中，偶然性发挥着作用，而在辩证的思维中就像在胚胎的发展中一样，这种偶然性融合在必然性中。”生态思维的出现，无疑对人类历史及人的社会实践生活产生深远的影响，对于创业教育这样一种特定的人的精神塑造和社会化实践活动，生态思维同样具有深远的意义。下文将从生态概念理解的三个层次出发来探讨生态思维本身对认识创业教育的启示。

（一）本体理论：创业教育内涵生态特质与生态要求

1.创业教育内含生态特质

“生态”作为一个新的理念和新的视域，是将生态学的思维渗透到人类活动的范围中，运用人与自然协调发展的观念来思考各种问题，最终达到人与自然关系的最佳处理。创业教育系统的主体是人，人类作为生命的主体处在与周围环境不断接触和互动的动态过程中。环境因素通过对人的作用影响创业教育系统的发展，创业教育系统也可以通过培养人与周围环境的相互调适来实现自身的发展。从这个意义上讲，创业教育与其周边环境的关系具有一定的生物学意义。在成熟的生态系统中，主体、环境等因素趋于平衡并通过这些因素

的相互作用维持整个系统，重点是强调系统各要素及其功能的均衡发展。创业教育包括主体的人、教育环境、教育目标、教育内容、教育手段等，其自身的发展离不开各种因素的相互作用和均衡发展，具有生态系统的特质。因此，创业教育可以看作是一个生态系统，可以分析其内部要素和系统与环境的关系，实现系统的整体协调发展。

第一，生态关联性。黑格尔曾说过："自然界必须看作是一种由各个阶段组成的体系，其中一个阶段是从另一阶段必然产生的，较前的阶段一方面通过进化得到了扬弃，另一方面却作为背景继续存在。"美国学者科莫涅尔也认为"一切事物与一切事物有关"是生态学最重要的规律，生态学研究一切事物与其他事物的关系。生态系统的关联性可以从两个方面来理解：一是空间结构的整体相关性；二是时间的历史发展性。基于这一观点对高校创业教育系统的分析主要是全面理解和分析系统内生态要素之间的关系，表现为高校创业教育作为高等教育系统的一部分，与自然、社会、文化的发展息息相关，是人类社会自我发展的子系统。因为生态学认为"任一生态因子总要与周围环境经常不断地处于相互交换之中"。因此，高校创业教育必须与社会政治、经济、文化进行物质、能量和信息的交换，与这些因素相互依存，相互适应。社会因素的变化和发展总是会对高校创业教育系统产生影响，制约其内部结构的变化。当然，高校创业教育系统的关联性还包括系统中任何要素与其他要素之间的关系，每一要素都不能脱离其他要素而无限发展，每个要素的存在状态必然是整个系统与其他社会要素（环境）之间各种形式交流的结果，其发展程度应与教育系统和环境的作用程度相协调。

第二，生态平衡性。平衡是生态系统的特征，高校创业教育系统也是如此。高校创业教育是与自然环境、社会环境、规范环境和校园环境相互作用的，它不是被动地受制于各种环境因素的影响，还需要根据当前社会形势和未来发展趋势及时调整和完善内部结构，积极适应和促进自然、社会和自身的发展。在高校创业教育的全过程中，涉及教育者、受教育者、教育目标、教育环境、教育载体等诸多重要因素，如何保证创业教育的有效性是高校创业教育的根本，这种有效性要求受教育者接受相关的教育，实现预期目标，并促进整个社会积极发展。如果某个环节或因素发生错乱，在一定的情况下自然会导致不平衡，要素分配的比例和要素本身的条件都将对其产生影响。可以说，随着各种环境因素的变化，高校创业教育的生态结构必然发生变化。只有建立在相应社会因素基础上的高校创业教育生态系统，才能称之为一个开放平衡的系统。经过调适之后的高校创业教育系统的稳定，也仅仅是暂时的稳定，因为事物是不断变化的，各种要素之间比例关系的变化体现出高校创业教育系统的动态平衡性。

第三，生态可控性。在生态系统中，人不仅是“消费者”，而且是生态系统的“调控者”。正如奥德姆所说：“人类是站在他所在的生态系统的最高控制点上”。以人类的活动为中心的高校创业教育生态系统与自然生态系统是有着典型区别的。事实上，高校创业教育生态系统是人类在科学手段的基础上设计、构建、干预和调控的人工生态系统，不是纯自然生态系统，而是一个可控的社会生态系统。根据生态学原理，社会生态系统一般是由生产、消费和分解构成的相应的生态网络结构，只有这样才能保证生态系统的稳定生产能力。同样，生态系统中任何网络环节的缺失都将导致其生产力和稳定性的下降，导致系统结构崩溃，稳定的生产能力瓦解。因此，要保持高校创业教育生态系统的可持续发展，必须加强对该系统的调控，这是高校创业教育系统可持续发展的基础。马尔特比（Edward Maltby）认为：“生态系统的调节控制是基于生态系统管理的，因为从本质上来说，它强调的不是生态系统过程，而是人类活动对这些过程和生态系统结构、功能结果的影响。”按照“循环再生、协调共生、持续稳生”的生态调控原则对高校创业教育进行系统的调节控制，可使系统的教育资源使用合理化，使系统内部各要素关系最优化，从而实现高校创业教育系统的可持续发展。

第四，生态共生性。一般说来，任何两个生活在一起的种群的结合都是共生的，因为它们共享相同的生活空间，所以不同类型种群之间的相互作用甚至竞争都是共生的。互利共生是两个物种间最强大、最有利的互动方式。为了分析高校创业教育生态系统，需要注意系统中各种生态因素和现象之间的相互依存和积极配合。在高校创业教育系统中，主体与环境的互动实际上产生了共生特征，系统的各个要素在共生中相互关联、相互作用，使系统成为一个和谐的有机整体。系统中各要素的自我发展必然会对其他要素和整个系统产生能动作用。如师生之间的相互依存和共生关系、教育主体与环境的互动、教育目标对教育主体作用的引导、教育内容的规定、教育方法的规范等以及教育主体对教育目标的遵循、对教育内容的接受与反馈、对教育方法的调整与适应，甚至课堂子系统的生态发展也对创业教育母系统的自身发展起着能动的作用。

2.创业教育内蕴生态要求

从某种意义上来说，近年来得到国家、各地区和各高校高度重视并全力推进的创业教育，一直可以定性为“要素式创业教育”，更加关注教育主体、教育客体、教育内容和教育方法等之间的矛盾运动，关注受教育者如何内化建设创新型国家和创新型社会对创新型人才提出的规格要求。我们并不反对以要素的形式来推进创业教育，但如果缺少对创业教育整体性、开放性、系统性和平衡性的关注，势必造成创业教育方向的误区。在国家推进“双一流”建设的背景下，如何通过创业教育有效助力创新型人才和技术技能型人才培养成为亟待解决的难题。从协同共生的视角，要提高高校创业教育的实效，真正使“口号”落地，必须做到在创业教育理论与实践的协同，目标与手段的协同，过程和方法的协同，课程与课堂的协同，教育者和受教育者的协同等方面实现的突破和发展。

近年来，生态文明建设带来了人类生态意识的觉醒，生态世界观提供给我们分析和把握社会系统的新思维和新方法，以生态思维审视和重构高校创业教育，赋予其典型的生态特征。纵观当前的高校创业教育，确实存在很多不尽如人意的地方，也正是因为创业教育生态系统尚未构建并有效运行，导致其生态链条的断裂错位。高校创业教育系统需要内外各要素的协调和共同发展，各要素排列有序，相互共生，以一种相互调适，相互制约的关系形成创业教育的生态结构，并实现其良性循环。一旦某些要素发生冲突或失衡，创业教育的生态效益就会大大降低。因此，人们要树立生态意识，运用生态思维分析和解决创业教育中的生态失衡危机，最终实现预期的生态目标。

（二）方法理论：运用生态分析方法来研究创业教育

黑格尔说：“方法并不是外在的定时，而是内容的灵魂和概念。”生态概念在包含丰富的理论内容的同时，蕴含着重要的方法，既表现为生态学除了涵盖大量的概念、范畴、原理、观点、原则和规律等科学的理论内容之外，通过这些概念、范畴和原理等，又彰显出具有独特性与科学性的方法论层面的价值。从创业教育理论研究与现实实践的角度来看，运用生态分析方法对创业教育进行整体性关照，应该说是基于生态概念的三种理解所带给创业教育若干启示当中最为显著的。生态分析方法就是运用生态学的有关原理、观点来分析特定事物的一种原则和视域，是一种将研究对象进行生态仿生的研究方法。

1.运用生态分析方法来考察创业教育的基础性问题和关系性问题

运用生态分析方法，可以分析创业教育在整个社会系统结构中的地位、性质、特征和功能等基础性问题，特别是它与政治、经济、文化和社会等其他多重复杂要素之间的相互关系。与传统的创业教育的研究思维相比，把创业教育同社会政治、经济、文化等因素整合起来加以研究，是生态视域下所确立起来的最为重要的一种研究思维，是一种研究方法的变革。创业教育作为我国建设创新型国家，培养创新型人才的重要路径和主要方式，它本身具有很强的实践性和综合性，无论是理论研究还是日常实践，都需要有广阔的视野和开放的姿态，这是由创业教育活动的性质决定的。如果不考虑宏观的国家经济社会发展需要和民生的现实生活需要，中观的高校开展创业教育的实际需要和资源条件，微观的教育对象的心理需要和价值认同等，是做不好创业教育工作的。另外，从学科基础理论研究层面来看，运用生态分析方法对创业教育进行整体性研究，有助于改变传统对创业教育分门别类研究带来的局限性。目前，我们对创业教育的理论研究多为基于本质论、价值论、环境论、过程论的“条块式”研究方法，这样的研究结果更适合教材化的体系展示，但也造成了对创业教育实际问题关注得不全面和不完整，这种研究方法不应成为创业教育，特别是基础理论研究的唯一叙述模式。

2.运用生态学中生态系统与生态因子之间相互关系的方法论来考察创业教育的静态系统结构

运用生态分析方法来看待高校创业教育，从创业教育系统与外部系统的关联来看，创业教育系统既具有相对的独立性，又具有与其他社会系统之间的关联性，需要与其他社会系统之间协调一致、和谐共生，创业教育的顺利开展和有效实施受到社会其他系统组成的生态大环境的影响。创业教育生态系统的平衡与发展需要从相对其而言作为外部社会生态系统存在的社会系统中汲取物质、信息和能量，并与其他社会生态系统保持协调、平衡的关系。同时，创业教育生态系统内部又划分为若干小的系统，这些小生态系统都与高校创业教育存在特定关系。从横向上划分，可以分为目标文化系统、师资队伍系统、课程教学系统、管理组织系统、监控评价系统、资源保障系统、政策环境系统等；从纵向上分，可以分为宏观层面的国家创业教育系统、中观层面的高校创业教育系统、微观层面的各创业教育子要素系统等。

3.运用生态学中生态系统与生态因子之间相互关系的方法论来考察创业教育的动态运行过程

创业教育过程是指教育环节和要素之间的有机配合、协调的状态，其中的每一个环节都可以运用生态观来考察。以高校创业教育系统为例，我们可以在创业教育的动态运行过程中分析系统各要素之间是如何定位并相互作用的，如创业教育主体如何影响创业教育客体，客体如何反作用于主体，主客体之间的主体间性关系如何；创业教育主客体如何与创业教育环境发生关系并相互影响；创业教育主客体与创业教育介体或载体之间的相互作用是如何发生的；创业教育环境对创业教育介体或载体的影响等。以高校创业教育的课堂教学为例，教师和学生成为课堂生态的主客体，课程设置、教学内容、教学方法、教室布局、课堂容量、课堂物理环境等成为课堂生态环境，我们可以分析各类环境对学生接受效果的影响，也可以分析课堂中的各类组织，如正式组织、非正式组织、半正式组织、参照群体组织及课堂中的各种关系，如师生关系、生生关系、朋辈关系等对教育对象创新素质形成发展的影响。

（三）价值理论：有利于个人价值和社会价值的实现

陶行知认为："教育是人生的转变，它的核心是人类经验的转变，它的直接目的是指向人类的幸福和自由。"在创业教育中，国家、社会和教育者、受教育者是价值主体，创业教育能够有效地满足人的自由全面发展的需要和社会发展的需要就是其价值体现和生命所在。以生态观关照创业教育，既要关注满足个体个性和全面发展的需要，也要关注创业教育为促进社会有序平衡、协调运行和创新型人才培养所彰显出的特定价值。

1.生态视域下的创业教育更有利于个人价值的实现

第一，生态视域下的创业教育更加突出对生命的尊重。在创业教育过程中，要重视个人的生命和尊严，促进个人的自由全面发展，促进个人价值观的实现。正如生态伦理学的创始人莱奥波尔德所指出："生态系统中每个物种对于整个生态的'完整性、稳定性和美感'都是有价值的"。第二，生态视域下的创业教育更有助于促进学生的自我发展。个体的发展不仅表现在知识的增加、智力的发展和人格的成熟。更重要的是，它是基于自我主动发展的"动机"，而动机的来源是增强个人的自我意识和主观意识。高校创业教育的生态发展将更有利于大学生创业能力的发展，使其具有组织能力、感召能力、适应能力、执行能力和发展能力，培养这些能力的过程也是增强个体主体性的过程。第三，生态视域下的创业教育更有助于挖掘个人的创新潜力。高尔基曾说："人的生命就是创造，即试图战胜死亡物质的抵抗，希望掌握物质的所有秘密，并迫使其力量服从人类的意志，服务于人类的幸福。"创新潜能是一种潜伏在体内的隐隐迟钝能力状态，潜力不会自动转化为现实，而是取决于教育的理念和实践。创业教育将唤醒人们创新创造的潜在力量，为充分发挥潜力创造条件，这既是创业教育的核心内容，也是其重要使命。

2.生态视域下的创业教育更有利于社会价值的实现

第一，生态视域下的创业教育更有利于创新型国家建设。创新经济与创业教育的发展有着直接的互动关系。发展和实施以普及创业知识、培养创业能力、创建创业团队、发展创业实践为基础的创业教育，有利于提高受教育者的创业质量，激励创业行为，使更多受教育者能够将创业和自营职业作为职业选择和生活方式。第二，生态视域下的创业教育更有利于创新型人才的培养。创新是一个民族的灵魂，是一个国家兴旺发达的不竭动力，也是满足时代发展需要的动力。随着经济社会的发展，“大众创业，万众创新”的浪潮兴起，提高全民素质，培养学生的创新意识和创新能力成为中国教育面临的越来越紧迫的任务。构建高校创业教育生态系统，有利于推进高校创业改革创新，促进高校知识创新体系的形成，建立以创新人才培养为轴心的知识、精神、能力三合一的人才培养模式。第三，生态视域下的创业教育更有利于创新型人才文化的形成。文化是人的精神灵魂，是一种价值，是一种传统。创业文化是与创业有关的社会意识形态、文化氛围，这种文化能够唤起一种不可估计的能量和责任感，有利于组织形成凝聚力、竞争力和创新力。创业教育的生态发展将创业教育精神价值与社会价值相融合，在特定的社会历史条件下，企业家精神的培育与发展形成了独特的文化观念和形式。

四、创业教育生态及其分析视域的合理性

学科之间的研究综合与借鉴最首要的是合理性与科学性问题。创业教育生态视域转换带来的新的思维方式对创业教育研究与实践是否有可取之处，这是一个首先需要明确的问题。本部分在分析了生态概念、生态分析方法等对创业教育理解启示的基础上，从创业教育本身的角度来讨论创业教育借用生态分析方法的合理性。

（一）创业教育根植于社会生活当中

社会，是人类相互联系、互利合作形成的群体，按照一定的行为规范、经济关系和社会制度而结成的有机整体。社会生活，概括说，“是人类为了生存和发展而在社会关系中进行的各种活动”。总体上，可以把社会生活分为社会物质生活和社会精神生活。物质生活是整个社会生活的基础，它为人类进行其他社会生活创造物质生活资料，是全部社会变化的根源和发展的根本动力。物质生活还包括对个人物质生活需要的满足，是个人进行其他社会生活的必要条件。精神生活是建立在物质生活基础上的，是为了满足人们的精神需要而从事的活动。按照唯物史观，社会物质生活和精神生活是辩证统一关系，尤其是随着生产力发展水平的提高，科学技术的进步，两者的统一性变得更加明显。

创业教育根植在社会生活当中，主要体现在一定时期内创业教育的现实状况及其发展水平受到社会物质生活和精神生活的影响。创业教育作为新的教育形式和教育内容，与社会的物质生活水平、经济发展状况以及人们的普遍生活水平密切相关。一方面，从创业教育的实施主体来看，现实中，创业教育的组织、实施、反馈、调节等各个环节都需要经济的投入和物质的保障。同时，创业教育的理念与价值、内容与方法等也源于社会的现实生活和未来发展。另一方面，从创业教育的接受客体来看，教育对象并不会对创业教育信息和内容完全地、不加权重地加以接受，每个对象自身的生活环境、成长经历及现实的生活状况都会对其创业教育的价值选择产生直接或者间接的影响，最终，教育对象会对创业教育过程本能地做出根源和贴近自身现实社会生活的一种选择性考虑。同时，社会精神生活同创业教育的关系也是非常直观的。纵观近年来我国社会精神生活的发展走向，创新创业成为其中重要的组成部分。2017 年，习近平总书记给第三届中国“互联网+”大学生创新创业大赛“青年红色筑梦之旅”大学生的回信中，深切勉励青年学生扎根中国大地了解国情民情，用青春书写无愧于时代、无愧于历史的华彩篇章。当前，随着各种新产业、新模式、新业态不断涌现，有效地激发了社会活力，释放了巨大创造力，这些都为社会精神生活提出了目标，指引了方向，也为我们开展创业教育提供了良好的精神氛围。

（二）创业教育生态系统是社会生态系统的有机组成部分

在社会中，人和环境是一个不可分割的整体，这就是社会生态系统。大体上，学者们不论使用“社会生态系统”还是“社会系统”，就其本质来说，通常都表明了社会所具有的生态系统性，包括最基本的体现生态特征的有机性、联系性和动态性。社会是一个复杂多样的综合性因素之间相互联系、相互作用、相互制约的整体。无论是社会系统还是社会生态系统的概念，其中都蕴含着生态思维对于社会及其结构关系的认识与运用。社会系统可以分为政治系统、经济系统和文化系统等，各个系统之间，或者大社会系统的各个子系统之间，按照其结构与功能的不同分别具有从属与被从属的关系，也就是包含与被包含的关系。社会系统的要素是个人、群体及组织，联系是经济关系、政治关系和文化关系。

创业教育作为社会教育实践活动，它一方面同人的思想、行为、发展有着直接关系，另一方面也与社会的政治、经济、文化等发展有着广泛的联系。从本质上讲，创业教育是社会经济发展的产物，一旦其脱离了人的现实生活、脱离了社会就不会存在了。创业教育生态系统本身是社会系统当中的一个组成部分，既可以划归在社会经济系统中，也可以划归在教育系统或文化系统中。虽然对高校创业教育生态系统的层次划分与要素厘定，应该说仁者见仁、智者见智，但是将创业教育看作是社会生态系统的组成部分是成立的。通过将创业教育与大的社会系统相比照，可以得出创业教育本身在一定社会系统当中具有特定的功能和属性，如果把创业教育视为社会生态系统的一部分或者微观子系统来同其他社会系统的子系统进行比照，它所具有的与各个社会系统的子系统之间普遍存在的联系性及其自身相对独立性，也表明创业教育具有社会系统所具有的特定功能和属性，体现在创业教育本身具有作为一个系统存在应该具有的属性特征。同时，创业教育自身也像生态系统一样，与其他外界生态环境存在明显而强烈的相互关系。

（三）社会研究生态化的发展趋势与现实诉求

回顾社会现象研究的生态化历史脉络可以看出，海克尔提出的“生态学”已经是对传统生物学的一种超越和发展，实现了一场学科研究范式和思维的变革。它超越了传统的生物学只研究某个生物本身而不涉及也不研究生物赖以生存的自然环境以及只注重从机械分类学、解剖学等角度研究生物的某些弊端，使生物学走向了一个新的学科化发展阶段。20世纪60年代，生态学的理论与方法所具有的价值与原则的合理性、正当性和科学性开始被不同研究领域所认可，而且生态的理念已经在哲学上确立了其应有的价值和地位。如今的“生态”已经是一个聚合了“实体事物表征描述”“分析与认识特定事物”“彰显机体生命意义”三种特性的丰富概念了。生态学所揭示出来的生态系统中各要素的相互依赖性、系统平衡性、整体有机性等揭示了一幅与传统的机械论自然观迥然不同的图景。不仅如此，生态系统所表现出的整体性还孕育了一种强调互补、平等和均衡的价值观。

生态学已经为当今的人文社会科学研究提供了一套完整、有益的分析方法，经过不同学科的“本土化”之后，在今天的教育生态学、人类生态学、社会生态学、文化生态学、管理生态学等不同学科当中已经建立了独特的研究范式。当然，他们共同遵循和延续着生态的世界观和方法论，也包括体现着生态的价值观。创业教育应该在生态视域下思考和探究有关理论与实践的问题，生态视域的转向，确立起来的是一种研究创业教育的思维方法，实际上也是生态学方法的一种借用。可以认为，创业教育研究作为哲学社会科学研究的组成部分，运用生态视域来研究其相关理论与实践问题是一种普遍的趋势使然，从研究方法上是一种新的尝试。在构建生态文明的当前，在强调人与自然、社会协调发展的今天，可以说生态分析视域的意义更为深远。

第二章　高校创业教育生态系统的构建

从生态视域看，高校创业教育本身是生态的，具有与自然生态系统相类似的内在机制，甚至在一定程度上具有一致性的质的规定性。在前文对创业教育生态失衡现状及国外成功经验启示的基础上，我们从生态思维来分析创业教育系统的构成要素及相互关系，全面剖析系统内各要素之间的关联，重新对创业教育的结构与过程进行理解，尝试构建符合我国实际的高校创业教育生态系统，并力图对系统的五个功能要素即目标、政策、环境、课程和课堂分别进行生态构建，以实现系统的良性运行与稳步发展。

第一节　高校创业教育生态系统的界说

一、高校创业教育生态系统的要素

（一）高校创业教育生态系统的要素厘定

高校创业教育生态系统由创业教育主体、客体、介体、环体四类“实体要素”及创业教育目标、政策、环境、课程、课堂等若干“功能要素”组成，它们能够直接地反映出高校创业教育生态系统的特质，较好地反映出创业教育过程的规律，缺少任何一个要素都会使高校创业教育生态系统不完整。第一，“实体要素”+“功能要素”比较符合要素的概念和要求，对于高校创业教育理论与实践研究具有积极的意义；第二，“实体要素”+“功能要素”更能够在系统层面反映和揭示高校创业教育生态系统的复杂性和社会性，以及创业教育不同于其他类别和形式的教育的特性，还能够从整体上反映创业教育系统的基本结构和本质属性；第三，“实体要素”+“功能要素”在语义上基本涵盖了高校创业教育生态系统的各个环节及领域，并且在某种程度上反映了现代创业教育出现的新变化和新发展，如近年来创客教育的引入与发展，创客教育已经成为当前全球开展创新创业教育的新趋势和新导向。同时，网络技术为高校创业教育的发展与创新带来了前所未有的机遇和挑战，它改变了传统创业教育的思维方式，有助于教学过程的精悉施教、管理过程的精确调控、服务过程的精准帮扶。这些都带来了高校创业教育生态系统要素的新变化。

（二）高校创业教育生态系统的要素关系

1.创业教育生态系统中的主体与客体之间的关系

关于创业教育主客体与创业教育者、受教育者的认识问题是系统运行的首要范畴，是使用教育者、受教育者还是使用主体、客体成为要素确定的关键。对于两者的界定存在着不同的声音。有研究者认为：既然教育者和受教育者都是活生生的人，人都是有主观意识和能动性的，都是可以对客观事物进行判断和选择的，所以教育者和受教育者都应该是主体，不存在主体决定客体，客体反映主体的关系。其实这里存在一个误区，就是将认识论中的主客体关系附加于仅仅用于事实描述的主客体要素上。在创业教育过程中，主客体的关系在很大程度上或很多时候是特定的，尽管在某种条件下主客体可以相互转化，但是主体一定是创业教育的主导方，是创业教育的组织者、发起者和施教者，客体总是相对于创业教育主导的一方，是创业教育的接受者、受教者，我们不应该过分强调主客体在双方关系地位上的平等性而否认了两者存在的特质性。我们在创业教育的动态过程中使用主体和客体的概念，就是为了从客观存在状态视角更加清晰地认识双方在他们的对象性关系中的相互作用机制、过程和运行轨迹。

高校创业教育生态系统中各要素功能实现得如何，要看要素的联结方式完善得如何。当然，系统中的各要素生态位不同，有的居于主导地位，有的居于非主导地位，通常主导地位的关键要素决定着系统作用的发挥。在创业教育生态系统中，主客体的关系是其中最重要的一对关系，对两者关系的分析是认识高校创业教育生态系统运行机制的前提基础。首先，主体与客体的关系表现为在创业教育过程中的对立统一，其中对立关系表现为两者的相互制约，即创业教育过程中主体为了实现创业教育目标，要对客体进行支配和指导，并通过各类介体对客体进行转化和提升。同时，客体会根据自身的客观情况，对主体的创业教育行为过程产生支持或者限制。其次，主客体的认知不协调。因为两者在认知层次、知识储备、素质能力、行为方式等方面的差异，所以两者在创业教育过程中通常出现各自目标的不一致，教学内容与方法的不协调，教学环境的不适应等问题。两者的统一关系表现在相互依存，即两者互为存在关系，缺少其中任何一方，另一方也就失去了其存在的意义与价值；互相促进，即两者彼此相容，积极互动，在教育过程中相互启发，充分发挥主体的积极主导作用与客体的能动接受性，有效达成教育效果；相互转化，即在满足某种条件下，创业教育主客体之间会实现某种程度的转化，当然这种转化不是两者地位的变化而是主导作用发挥的强弱。创业教育生态系统也正是在各要素从矛盾对立向协调统一的不断调整的过程中实现动态平衡。

探讨创业教育主客体关系就是理清主客体之间的相互影响和相互制衡的发展变化关系。生态视域下，对创业教育主客体相互转化的条件及其关系的探讨相比单纯从认识论上辨析主客体的地位和作用更有价值。主客体关系转化是创业教育生态系统中的基本关系和基本状态，在转化过程中，创业教育主体和客体各自异质的存在，导致在创业教育主体与客体的关系及其矛盾运动过程中，主体使客体向自己需要的方向转变，而客体根据自身存在和发展的客观需要去改变主体。促进创业教育主客体关系转化，应以实现其主客体关系转化的条件和过程为依据。第一，充分尊重创业教育客体的主体地位。创业教育效果的如何，首先源于客体对创业教育的心理认同和情感趋向，使受教育者在内心激起对创业教育的愿望和梦想。教育主体只有在充分认识和把握现有教育客体的基础上，才能准确把握教育客体的现状，引导教育客体形成共同的认识和价值认同。第二，积极发挥创业教育主体的主导作用。教育主体应在教育内容、教育方法和教育情感等方面对教育客体进行因势利导，将最新的创业知识融入客体的日常生活和情感世界，尤其要充分利用信息技术的辅助功能，满足不同层次和不同水平客体的多样化发展需求。第三，不断提高创业教育主体的综合素质。创业教育主体“实战性”薄弱成为制约创业教育深入推进的关键因素，无论创业师资的来源渠道还是后期发展都不尽如人意。创业教育主体要转变观念，确立“平等自主”“包容开放”“主动主导”的理念，丰富自身多方面相关知识，重点强化实体实战能力和虚拟实践能力，有助于帮助客体了解和掌握创业知识与技能。

2.创业教育生态系统中主客体与介体之间的关系

创业教育主客体与创业教育介体的关系是显而易见的，在多数情况下，主体与客体对教育内容和方法的选择是双方相互协调和彼此统筹的结果，虽然表面上看来，介体外在于主客体，但其实是主客体之间相互意志博弈的结果。虽然也有研究认为，创业教育的内容与方法的各自外延和内涵不同，不应将两者合并而应将两者作为独立的要素存在；还有人认为创业教育生态系统的介体不能只笼统的涵盖创业教育的内容与方法等。创业教育介体是联结主体和客体的纽带和桥梁，主客体之间的相互作用、相互转化都离不开介体的参与，其中，教育内容是创业教育的客观基础，是创业教育目标的具体体现。教育方法是创业教育有效性的条件和保证。因为在创业教育过程中，教育内容和方法虽然不能涵盖教育介体的全部，但却是实现教育目标的关键，两个要素必然不可分割。虽然两者的内涵与外延不同，但教育内容需要适合的方法传授给客体，教育方法如果不依托教育内容也成为虚置，因此，将两者聚合在一起作为教育介体的重要组成无论从形式还是内涵上都是合理的。

创业教育主体必须借助于一定的教育介体作用于客体，才能促使客体达到创新型社会对人才培养的需要。教育主体是传输教育内容、运用教育方法的承担者，其个人的品质、经验、能力等都影响着客体。同时，教育介体有其自身的相对独立性，与主体之间存在矛盾关系的辩证统一。在创业教育过程中，为了实现教育目标，解决国家和社会对目标的要求与受教育者创业素质的现状之间的矛盾，主体必须选择和使用适合目标的内容和方法。因此，作为实施者，主体所采用的教育内容和方法具有主导性，从创业教育的目标和学生身心发展的特点出发，主体可以对教育介体进行创造性的选择、处理和改造，实现教育介体的创新。同时，根据创业教育的客观规律和实际情况，可以预见客体的未来发展，引进前瞻性的教育内容和先进的教育方法，实现教育介体的与时俱进。一方面，教育介体要为主体所支配，为主体施教服务。然而，作为一种客观的存在形式，教育介体有其自身的运动规律，因此，主体与介体之间存在着矛盾。另一方面，介体的相对稳定性与社会对客体创新素质的新要求和变化不同步，主体的能力水平与教育介体的使用和理解之间存在不匹配问题。

创业教育客体在创业教育过程中和教育介体发生关系时具有能动作用和检验作用，创业教育客体与创业教育介体之间存在一定的辩证关系。第一，创业教育的介体与创业教育的客体是一致的，两者的统一基础是创业教育的过程。介体与客体是彼此存在的条件，没有介体，客体就无法发展，没有教育客体，教育介体就失去其存在意义，二者的相互依存是创业教育的基本因素和重要条件。第二，教育客体决定教育介体，教育介体服务教育客体。客体是介体指向的对象，客体的需求决定了介体的选择、应用和创新，介体应适应客体的现有知识、能力和素质基础，并随着客体的发展和变化不断创新。第三，教育介体对教育客体的适应性。教育客体的身心发展和认知发展的特点，决定了介体必须具有灵活性和多样性。面对不同发展水平和能力素质的客体，在创业教育实施过程中，应采用与其相适应的不同介体，以获得良好的教育效果。第四，教育客体对教育介体的主体性。人以其需要的无限性和广泛性区别于其他一切动物。教育客体作为有意识、有思想、有情感、有意志的人，具有主观能动性，在教育介体的选择过程中，他们必然夹杂着自己的需要和判断。因此，教育主体在面对教育客体时，不仅要从主体的主观要求出发，而且要充分调动和发挥客体的主观能动性，才能达到预期的教育目标。

3.创业教育生态系统中主客体与环体之间的关系

对于使用创业教育的“环境”还是“情境”也存在某些争议。认为“环境”是存在于创业教育系统之外而存在的，“情境”是为有效开展创业教育而创设的，是内涵于创业教育体系中的，是作为创业教育的要素对创业教育的主客体发生影响的物质条件和精神氛围的统一体。同时认为，“环境”对人的影响虽然较大，但很多时候是创业教育系统所不能掌控的，而“情境”通常是主体围绕创业教育目标和内容而有计划、有组织地创设的教育条件，具有较强的主观可控性。“情境”可以被认为是一种特殊的“环境”，表现在它的微观、可控和“情境交融”。创业教育的生态环境既包括外部社会大生态环境中的政治生态环境、经济生态环境、文化生态环境等，也包括与创业教育主客体接触紧密、影响直接的高校内部创业教育生态环境，社会大生态环境的改造是一个转型的过程，但高校内部创业教育的组织环境、文化环境等可以成为系统建设的首要内容，“情境”抑或“环境”更多是我们在认识上的差异。

在创业教育主客体与环体构成的生态系统中，主客体与环体之间存在的物质流、能量流和信息流的交换作用，以维系主客体的存在与发展。环体提供给主客体物质、能量和信息的多少均衡与否直接影响主客体的发展程度。在创业教育环体中，政策环境的投入与执行对高校创业教育的发展起到积极的助推作用。如2015年国务院《关于深化高等学校创新创业教育改革的实施意见》，对高校创业教育课程、师资、组织管理、评价考核等做出明确指导和规范要求；2017年《国务院关于强化实施创新驱动发展战略进一步推进大众创业万众创新深入发展的意见》，要进一步优化创新创业生态环境，着力推动创新创业群体更加多元，发挥科研院所和高等院校的领军作用。当然，创业教育生态主客体同不同创业教育环体之间存在近与远、亲与疏的关系。即不同的环境因为其与创业教育主客体直接性、相关性和针对性不同，所以对主客体的干预与影响程度也就不同。对大学生群体而言，高校内部创业组织环境生态和文化环境生态应该是对其影响最为直接和有效的。当然，高校内外的众多环境都会对创业教育主客体产生影响，要提高创业教育实效必须充分调动一切可以利用的资源，构建“全员参与、全程介入、全方位保障”的高校创业教育环境生态。

综上，高校创业教育生态系统的四个实体要素围绕系统目标密切联系，既相对独立又互相依存，在各自相对稳定的位置上发挥着应有的功能，维持着生态系统的总体平衡。

二、高校创业教育生态系统的结构

从生态的视角来讨论其结构，既有宏观结构体系、中观结构体系和微观结构体系，也有个体生态结构、群体生态结构等，多样化的结构体系相互交织、彼此融合，促进创业教育的生态演替，增强系统的教育功能。

（一）高校创业教育生态系统中的宏观、中观和微观结构

在创业教育生态系统的研究过程中，宏观生态结构是氛围和环境，中观生态结构是基础和保障，微观生态结构是重点和关键。宏观生态结构就是从整个生态圈出发，以创业教育系统为中心，研究对其产生影响的各种环境系统，包括自然生态环境、社会结构环境和文化价值环境等，从大环境、大背景的视角下探讨创业教育生态系统的内部构成及其与外部环境的关系，探寻影响创业教育发展的政策、环境、文化等因素，营造和创设有利于创业教育发展的宏观环境，制订符合创业教育规律的发展规划，确立创业教育的战略方向，出台推进创业教育的政策措施。当然，在创业教育实施过程中，不可缺少政府、企业、社区及创业孵化机构的参与和支持，创业教育的实施主体是学校，但却嵌构于政府、学校和产业整体的关系生态之中。把创业教育纳入国家教育治理体系的总体框架和治理能力的现代化中，审视政府、学校和产业的逻辑，从顶层设计调整政校关系、政企关系、校企关系和校际关系，不仅是一种战略考虑，也是一种制度性保障。

中观生态结构主要以高校内部治理为中心，集中探讨高校内部创业教育各组成要素之间的关系及其对教育效果的影响。从治理结构的角度看，构成学校内部治理的生态因素是复杂的，优化学校内部治理生态系统是以整体目标为基础，对诸多生态要素进行结构调整和排列组合。构成高校创业教育内部治理的关键生态要素主要包括总体目标、政策制度、文化环境和资源平台。第一，要明确系统结构的总体目标，结构的目标服从并服务于创业教育系统的整体目标，立足于“人的培养”，结果体现在“人的全面发展”。第二，要完善以政策为核心的制度规范，保障创业教育系统运行的稳定性、持续性和科学性。在这里需要明确的是政策制度不是为了限制和约束，而是为了更好地服务创业教育实施，提供更加广阔的制度空间。第三，要形成文化自觉，塑造具有高校特色的创业教育校园文化环境，改变创业教育的简单模仿和照搬照抄。第四，要建设各类资源平台，包括教师资源、课程资源、实践资源、活动资源等，实现知识传承、知识生产、知识应用的一体化和融合化，

优化资源配置激发创业教育系统的生态活力。

微观生态结构重点探讨对学生创业教育效果产生直接和重要影响的微观生态环境的组成。课堂教学目前仍然是高校创业教育的主阵地，创业教育课堂教学的优化必须以创业教育的实践属性和生态系统的完整性、开放性和联动性要求为基础，以师生为中心，把学生的需求与问题导向相结合。创业教育的课堂不同于传统的专业课程的课堂，它更强调主客体的深度互动，教学内容、方式方法的与时俱进，教学环境的动态平衡等。课堂中各要素的结构组成和有序整合将有效提升学生接受创业教育主动性和创新性，增强学生的创新意识和创业技能。

（二）高校创业教育生态系统中的个体生态和群体生态结构

个体生态是现代生态学中趋于淡化的一个概念。它以个体为研究对象，研究内容包括：生物个体生长发育环境条件之间的关系；环境因子对生物个体的影响以及生物对环境的适应性；生物体与环境的能量和物质之间的关系；数量与质量的动态关系。确定某个物种对各生态因素的稳定性与趋向性的界限，探讨环境对有机体的形态生理和行为的影响。在创业教育生态系统中，个体生态属于微观生态，主要体现在围绕在个体周围，对个体创业素质发展起到影响的各类因素的综合，如个体的成长环境、家庭环境、学习环境等，多种环境要素的组合对学生的成长和个性发展产生潜在的、深远的影响。群体生态是研究一定栖息地范围内同种或异种生物群体与环境之间的相互关系的科学。创业教育生态系统结构中的群体生态分为学校群体生态、班级群体生态及非正式小群体生态等。在群体内部，个体将受到群体整体氛围和关系的影响，群体要充分利用内外部要素和条件，激发群体及群体中每位成员的行为动机，在实现群体的巩固、稳定和可持续发展外，也能有利于每位个体的全面发展。

综上，高校创业教育生态系统的不同标准和视角划分的不同结构类型中的各要素存在着普遍联系和相互制约的特征，我们只有遵循整体、全面、动态、平衡的生态思维对系统的结构进行设计和调整，才能使创业教育生态系统的各组成要素间的总体比例以及各要素内部的比例关系更加科学、合理与协调，使创业教育生态系统的结构与现有的生态环境及可预期的未来社会发展相适应，促进创业教育生态系统的结构优化及功能最大化。

三、高校创业教育生态系统的特征

（一）目标性

目标即创业教育的行动方向和终极指向，创业教育生态系统作为提升高校创业教育效果的思维创新和实践探索，在目标上必须符合创业教育的整体需要，即以培养具有创业基本素质和开创性个性的人才为目标。广义的创业教育不仅是培养学生的创业意识、创新精神、创新能力，也是面向全社会、面向有创业意向的创业群体进行的创新思维培养和创业能力训练的教育。高校创业教育已经成为高等教育人才培养的重要组成部分，小到将《创业基础》作为一门面向全体学生开设的通识类必修课程，大到“将创新型人才培养目标”或“创业型大学”列为学校人才培养的总目标或发展定位。创业教育的课程设置和实践活动的各个环节，都是围绕国家和社会对受教育者创新创业素质的期望和要求与大学生现有创业水平的差距和矛盾展开的。创业教育生态系统中的各要素，无论是自身内部的运动变化或动态调整，还是要素之间的相互作用与相互制约均体现、包含和统一于创业教育的总体目标中。目标是确定的、客观存在和相对稳定的，保障了系统诸要素之间结构的有序性和稳定性，进而实现整个系统的平衡稳定。

（二）动态性

作为一个运动的生物体，系统的稳定状态是相对的，运动状态是绝对的。创业教育生态系统是教育生态系统的子系统，为了满足外部社会经济制度的需要，我们必须不断改进和改变其自身的职能，而创业教育生态系统中每个要素的功能及其相互关系必须相应地改变。创业教育的管理机构、规章制度、内容方法、组织环境等都具有很强的时限性，创业教育生态系统就是在这种不断变化的动态过程中生存和发展的。创业教育过程的动态性反映了人的创新素质形成和发展的动态性，因为人的创新素质既是在动态的社会交往实践活动中形成和发展的，又要通过动态的社会交往实践活动得以表现出来。创业教育生态系统中各要素始终处于运动变化过程中，而我们所处的创业教育环境也处于不断运动变化中，这也就要求我们在研究和把握创业教育过程中人与环境关系的时候，要坚持动态思维模式。

（三）整体性

整体的属性和功能是由各部分之间的相互作用以某种方式产生的，而整体也是以这种相互关联、互动的方式来实现对部分的主导地位。创业教育生态系统的整体性体现在目标、功能和存在方式的整体性。系统中各要素的子目标与具体功能同系统整体的目标是一致的，理想的要素目标与功能应该是系统整体目标与功能的分解与细化。创业教育生态系统中的课程要素、课堂要素、政策要素和环境要素都有其各自的预期目标和功能，但都服务于创新型人才培养和实现人的全面发展的总目标。创业教育生态系统的整体性必须以整体为认识的起点和归宿，即在充分认识和把握全局的基础上提出总体目标，进而提出实现总体目标的条件，然后提出创造这些条件的各种选择，最后选择最好的计划来实现它。在这一过程中，总体目标是从整体上形成一个全面的产物；提出的条件是通过分析总体目标下系统的各个要素及其相互关系形成的；方案的提出和优化是在系统分析的基础上进行系统综合的结果。

（四）制衡性

创业教育生态系统的制衡性主要体现在创业教育过程中各个环节所有涉及的要素之间的相互作用、相互牵制和相互影响的关系。虽然不同的要素在创业教育过程中发挥着不同的功能与作用，但是能否形成“合力”是保证教育效果的关键。如在创业教育目标生态中，存在着创新型社会发展对人才培养的目标与高校人才培养传统目标的矛盾与冲突，高校人才培养的总体目标与课程教学目标之间的矛盾，课程教学预期目标与课堂教学实际目标的矛盾等；在创业教育环境生态中，存在着高校内部环境与社会外部环境的冲突与价值矛盾，外部环境中先进的经济环境与传统的文化环境之间的矛盾，内部环境中学校总体的创业教育认同环境与课堂教学中师生传统观念的矛盾等；在创业教育课程生态中，存在创业教育课程与专业课程之间的矛盾、创业教育理论课程与活动课程之间的矛盾、创业教育显性课程与隐性课程之间的矛盾；在创业教育课堂生态中，存在着教与学之间的矛盾，预期目标与教师授课实际效果之间的矛盾等。每个要素内部都存在不同矛盾体，我们在把握创业教育生态系统各要素的过程中应充分考虑要素之间的制衡作用,真正形成“过程合力”。

（五）互促性

创业教育生态系统的互促性体现在各组成要素之间彼此互助互利、不可分离、你中有我、我中有你的特征。这种互促性一方面表现在创业教育过程中的参与要素具有相对独立性，而且这种独立性体现为对其他要素发展变化具有能动价值和积极作用；另一方面，创业教育生态系统目标的实现、功能的最大化离不开各要素之间的互相促进的良性关系，离不开彼此的共融共进。如创业教育主体与客体之间的“教学相长”既表现在主体对客体施加影响与教育，帮助客体达到预期的教育目标，又表现在教学过程中客体的变化与成长也会对主体产生多方面的影响，最终实现同一过程中的主客体共同成长；创业教育主客体与环体之间的互促关系既表现在环体为主客体的发展创造必要的环境支持，又表现在环体也会受到创业教育主客体的改造与创设，使环体更加有利于主客体创业素质的形成。创业教育介体为主客体之间的活动开展提供了必要的条件和内容，而介体本身也会随着时代的进步、经济社会的发展、创业教育目标和需要的改变而改变。在创业教育生态系统的构建与运行过程中，要充分创造条件，促进各要素之间的积极影响和互利共进。

（六）生命性

创业是一种经济活动，其目标是创造财富，在这种经济活动中，人们对自身的全面发展充满无限追求，而创业教育则是为了帮助人们在创业过程中更好地实现自身生命的全面发展，这就是创业教育的生命价值所在。我们应该将创业教育的过程视为一个生命成长与彰显的过程。创业教育的价值追求在于促进受教育者生命潜能的激发。创业教育生态系统的生命性，就是要在具体的创业教育实践中关注受教育者创业精神、创新素质和人格品质的健全、提升和发展，把创业教育过程视为生命活动过程，使创业教育实践活动切实关注人的生命发展。第一，高校创业教育在于唤醒人自身内在的各种创新创造潜能，通过创设各类充分条件，使之获得最充分地发挥和最全面的发展。第二，通过各类创业实践，能够丰富受教育者的创业阅历，完善创新人格，为生命的全面发展提供必要的实践路径。第三，人们成为社会关系的主人，从而成为自然世界的主人，这是人的全面发展的本质，是创业的最高目标和最终目标。第四，改变把传统课堂教学从整体的生命活动中抽象出来、隔离出来的缺陷，更加关注作为共同活动体的师生群体在课堂教学活动中多重形式的交互作用和创造能力。

第二节　高校创新创业教育生态系统构建的对策

一、高校创业教育生态系统的关键主体

（一）大学生（包含大学生创业者及创业意愿者）

创业教育的本质目标是提高大学生的创业意识、创业能力及创业成功率，因此所有的教育教学活动都是围绕大学生展开，这里的大学生同时还包括大学生创业者及创业意愿者。这部分群体被归为创业教育生态系统内最主要的主体，即关键主体，我们创业教育要培养学生学习和掌握与创业相关的知识、技能，还要注重培养自身的创业精神和创业意识。

高校在传授普及的创业知识、技能时，还应尽可能地结合学生的专业、兴趣爱好进行专业知识的拓宽运用，下文将重点阐述学生精神、意识的培养建议。

1.培养越挫越勇、勤俭节约、求真务实的创业精神

每个大学生心中都有一份创业热情或冲动，但真正下定决心并付诸实施的却很少，众多调查结果一致显示，大学生实施创业的比率不足 2%，而这其中创业成功的人更少，其中不乏半途而废之人，因此，大学创业教育需注重对大学生创业精神的培养。

首先，要培养大学生越挫越勇的实干精神。创业路上注定会遇到我们无法预知的困难与挫折，既然选择创业，就要先有战胜困境、绝不轻言放弃的决心。在遇到困难时，要从深层次查找原因并采取措施，并做好时刻调整战略的准备。

其次，要培养大学生勤俭节约的创业精神。大学生尚未走入社会，资金问题是初创企业面临的最大问题之一，因此，需培养大学生树立勤俭节约、艰苦奋斗的创业精神，在各项费用上做到精打细算，以最低的费用做最高效率的事，将钱花在刀刃上，稳扎稳打。

最后，要培养大学生求真务实的创业精神。大学生选择创业项目时一定要切合自身条件和资源，脚踏实地，一步一个脚印地朝着既定目标努力。盲目选择自己并不熟悉的行业或简单跟随复制别人创业成功的经验注定要面临高失败率的风险。同时在面对合作者或客户时，也应实事求是，不刻意吹捧，承诺之事即使遇到挫折也定要全力以赴战胜，只有养成这种诚信务实的创业精神，才能赢得客户及合作者的尊重。

2.培养良好的创新意识、法律意识、危机意识与团队合作意识

树立良好的创业意识也是创业成功的关键因素之一，大学生创业要养成良好的创新意识、法律意识、危机意识与团队合作意识。

第一，大学生应养成良好的创新意识，创新是企业的第一生产力。大学生应注重自身业务的知识创新、技术创新及管理创新。创新离不开业务知识的积累，要敢于突破和革新，摒弃陈旧思想，要有敏锐的市场观察能力，注重理论与实践结合，不断提升专业知识和技能，努力做技术创新的使者，不人云亦云，大胆尝试，小心求证，敢打敢拼，做新思潮的推动者。此外，大学生创业要提升自己的管理能力，进行组织创新、制度创新，建立高效、有序的现代企业管理制度。

第二，大学生要有正确的法律意识、危机意识。大学生应充分了解与自己创业项目相关的法律法规，做到在公司合同、税务、融资、生产等各方面都不触碰道德底线和法律高压线，不投机取巧，钻空子，不为企业发展留有任何法律隐患。同时，要始终树立高度的危机风险意识，应居安思危，不得过且过，在面临困难时做到从容应对，稳步前进。

第三，大学生必须要树立团队合作意识。孤军奋战、闭门造车的企业永远无法成长。大学生必须养成一定的团队合作意识，树立全局意识、分工意识、服务意识、激励意识，要有奉献精神，维护集体利益，争取公司利益最大化。

除了创业精神和意识的培养之外，大学生在选择创业项目上，应突破传统的创业思维及运营模式，偏重自己的兴趣点或选择与专业相近的项目，注重技术创业、知识创业、文化创业及创意创业等。

（二）师资队伍

高校教师承担着培养学生创业知识、技能、精神和意识的重要职责，其被归为创业教育生态系统内的关键主体之一。从事创业课程教育的教师对比其他学科教育的教师，不仅要具备一定的与创业有关的专业知识，更应具备一定的创业方面的实战经历。对于关键主体的教师团队的建设，这里提出三条建议。

第一，创业教育教师应保持高度的企业前沿敏感度，及时将大学生的创意、研发机构的创新成果及有潜在发展前景的项目等同投资者实现对接，积极的担任起科技成果转移的使者，从而有效地提高大学生创业率。

第二，高校应组建一支由高校教师、具有创业经验的企业人士或校友共同构成的多元化师资队伍，参与教学研讨活动、教材编写以及项目开发等，其中教师团队应至少包括管理类、法律类及财经类等专业。高校还可以成立创业顾问团，并邀请企业家、各领域的专家以及风险投资者等人作为学生的创业顾问，给予专业性的项目指导或创业指导。

第三，教师应不断学习，定期参与创业教育培训，并鼓励到企业挂职，丰富其生产实践知识。例如，南京财经大学为教师开展创业基础培训、职业经理人培训以及 KAB 培训等，为教师提供创业指导学习，不断提升教师的创新创业能力，提高创业教育教学质量。

二、高校创业教育生态系统的支撑群体

这里的支撑群体是指高校内的创业管理部门、研发机构、政府以及风险投资部门等，主要是为高校创业教育提供中介服务、技术支持、政策支持、制度保障以及资金支持等。我们将从高校、政府及风险投资三大块分别阐述。

（一）高校

高校应成立专门的创业教育管理部门，或者创业指导服务中心甚至创业教育学院，以提高创业教育管理的专业化水平。目前，国内很多大学均有成立创业指导服务中心，比如武汉大学、武汉工程大学、中国地质大学等；中国人民大学、上海交通大学、南京航空航天大学等则成立专门的创业管理学院。这些服务指导中心为学生提供了很多具有针对性且具有相对权威性的创业指导，因此，应该在全国高校内大力普及。此外，高校还应加大创新创业教育资金投入，提升学校科研成果转化能力，促进创业专业教育和学科渗透的结合，为研发科技成果转移做好项目指导、资源链接、投资对接服务。

针对高校创业的大学生，学校可以实行相对弹性的管理办法，例如，对于已经有具体规划的学生或已经进行创业的学生，可以允许他们先行创业，确保争取最佳创业时机，在创业思想成熟或创业活动稳定再继续学业，允许提前或推迟毕业。目前，武汉大学、清华大学就已实行“休学创业”政策改革，即允许学生保留学籍去创业。

在创业课程设置上，高校应结合地方经济特色及专业特色，结合学生创业兴趣安排必修课和选修课。必修课主要是为学生普及与创业相关的基本知识，如知识产权知识、创业政策等；对于具有创业意愿或已经创业的同学安排选修与创业相关的专业性知识，比如创业心理学、管理学、营销学、经济学及相关的法律法规等理论知识；同时安排必要的实践课程，比如企业沙盘模拟训练课程、公司注册流程学习操作、“商业计划书”撰写、创业论坛、“企业家进课堂”、校园创业大赛等，并为学生安排“校企合作”创业实践基地，适时安排学生参观孵化基地、科技园或相关高科技企业。

（二）政府

从美国典型高校的案例经验分析总结可以看出，创业教育的落实离不开政府政策的法律法规保障与扶持。自 1998 年起，我国政府围绕创业成本、创业融资、创业税收、贷款政策等方面陆续出台了一系列辅助大学生创业的政策，但在具体落实层面还表现得并不完善，仍需政府不断建立和未完善相应的法律体系来保障大学生创业活动的进行。另外，政府应继续加大扶持力度，增加大学生创业基金的投入，完善各类创业孵化建设；同时，加强各类资金的审批及去向的追踪监督，并成立专门的监督单位，定期检查政策落实进度及成效，对于没有执行到位的部分，应立即提出整改措施并追踪改善效果，确保政府及高校制定的政策能够真正得到落实及实行。

此外，应不断简化工商管理注册审批程序，简化大学生融资贷款程序，并提供贷款利息优惠，额度优惠等；协助高校完善创业规章制度配套设施建设，切实帮助大学生提高创业效率。在我国，目前已有很多省为大学生创新创业成立小额贷款担保公司，提供低费率资金担保，帮助减轻学生创业资金压力，降低创业风险。政府也可以借助网络、报纸等媒体力量宣传国家的创业政策，正确引导创新创业的重要性，并展示优秀成果。

（三）风险投资方

有数据显示，在美国，其风险投资的额度已接近一千亿美元，对创业进行风险投资的公司数量已达四千多家，目前，每年仍约有一万个具有高技术含量的项目取到风险资本方的青睐。对比国外来说，我国的风险投资市场还不成熟，参与高校创业活动的民间资本数量远远不够。一些投资机构比如天使投资，更多的是投向那些具有专业技术而缺少资金的项目，且多是由个人投资，数额也较少。而对于多数大学生创业者来说，很难争取到风险投资方的青睐。因此与美国等发达国家相比，中国大学生创业发展融资仍面临很多问题，总体规模较小，融资体系需要健全完善。因此，政府及高校应多设立各类创业基金，并争取多渠道资金来源，例如基金会、校友赞助、企业家捐赠等，尽可能地为学生增加创业资金。

风险投资者除了给予资金资助，有时也可以作为嘉宾为学生提供创业指导，分享产品市场最新动态等，也可以为创业者提供各种资源对接服务。

三、环境支撑

生态系统内的环境因素可以为整个系统提供能量，尤其是为关键主体提供能量。而高校创业教育生态系统不同于自然系统，它的环境因素可以分为软环境及硬环境，软环境主要是指大学的创业教育理念、创业文化等，有助于提高大学生的创业意识，创业精神；硬环境主要有高校社团及实践基地、企业孵化器等，目的是为大学生创业提供物质基础及保障。

（一）软环境

1.创业教育理念

对比传统的教育教学，创业教育是一种系统性、全方位的教育改革，体现的是一种全新的教学价值观，代表着时代的要求，而不仅仅是教学方式的变更以及教学课程内容的重新选择。它的价值取向是培养具有前瞻性、储备性的人才，从知识教育、就业教育向提高学生综合素质为主的创业教育转变，转变学生传统的对工资性就业岗位依赖的观念，将自主创业作为择业新选择，学会求职的同时也学会创造岗位。但要注意的是，创业教育应避免走企业家速成的功利性价值取向。

2.创业文化

创业文化氛围的塑造不是短期内就可以简单完成的工作，应在政府政策的引导下，由高校主导并进行创业文化培育，同时大力鼓励并邀请社会人士的加入，三方共同努力，构建三位一体的创业文化体系建设，从而进行浓厚的创业文化氛围的营造。高校可以通过学校文化展览设施，宣传创业教育理念、创业成功人士的创业史，制作创业教育标语条幅等，营造校园创业文化氛围。

丰富的学生社团可以看作是学生的第二课堂，不仅要成立与创业相关的社团组织，更应鼓励成立一些专业性、技术性的社团组织，作为高校创业意识教育、创业技能教育的扩展途径。此外，还应开展校园创新创业大赛、校园科技文化展示、构建大学生创业实践基地等为学生提供创业实践机会，使学生能够切实置身于富有创新创造的校园情境中，模拟或参与体验创业过程，积累经验，勇于投入到创业活动中。

（二）硬环境

1.高校社团及创业实践基地

受到国家政策的鼓励，大学生创业热情高涨，越来越多的高校均已建立大学生创业实践基地。高校通过举办大学生创业活动征集大赛，选拔优秀的团队入驻至创业基地，并提供专业的创业导师团队进行技术指导、风险投资分析，市场前景评估等，提高大学生的创业成功率，减轻创业风险，减少创业损失。

在实践基地，高校可以集中普及政府财税优惠等扶持政策，并对创业学生进行指导、管理及创业成绩追踪等。当前，高校创业基地已成为大学生创新创业极其有益及重要的平台。

另外，学校或学生社团还可以在创业基地举办小型研讨会及沙龙，给不管是有创业意愿还是正在创业的大学生提供经验交流学习的机会，增强学生的创业自信心，避免走前人走过的弯路，提高创业的心理承受素质，培养优良的创业品质。

2.创业孵化器

从创造就业岗位、提高企业生存率和增加技术创新的证据来看，企业和技术孵化器对促进经济发展有相当大的潜力。除了通过在学校提供的创业基地进行创业，大学生也可以通过入驻孵化器得到政府相应的政策扶持。1987 年，武汉东湖新技术创业中心作为我国第一家以高科技企业为主的创业孵化器成立，到目前为止，仅武汉地区，已拥有科技孵化器 50 家以上。这些孵化器一般会从资金、办公场所、资源对接、公司注册办理、管理、法律服务等方面为入驻企业提供服务支持。

现在的孵化器种类已有很多，比如创业服务中心、大学科技园、生物城、留学人员创业园等，他们大多数也都是在政府的支持下创办，在地点选择上也是优先选取集聚在高校附近，这样不仅可以吸引大批创业学生的加入，也为大学生创业提供良好的创业环境，同时有助于企业和高校及时高效地互相分享最先进的信息知识及技能，从而促进高校与企业的产学研结合及高科技成果的转化。由此可见，校外孵化器已经成为大学生创新创业的一个重要的平台，高校应协助大学生充分利用好这些创业平台。

总之，高校创业教育是一个由多因子相互关联、渗透的复杂系统，它需要政府政策的引导，也需要社会的关注与支持。高校需要不断地与外部社会机构进行交流互动：一方面，它是受外部多种因素的影响和制约，而不是大学内部独自的封闭活动，渗透于整个国家社会的创业教育体系之中的；另一方面，高校创业教育的效果也会直接影响到整个社会创业生态系统的活力。只有建立起高校、政府及社会三位一体的科学系统，才能使高校创业教育得以优质、高效地开展。

第三节 高校创业教育生态系统之目标生态的构建

一、教育目标：创业教育生态系统的关键要素

（一）教育目标缘何成为创业教育生态系统的关键因素

1.创业教育目标统领整个高校创业教育系统

判断某一要素是否是系统的要素，首先要从整体的视角，即该要素是否是整体的必要组成、不可或缺和不可替代，既与其他要素相互关联，又具有自身内在的独立性。前文中所提到的高校创业教育系统各要素中，政策、文化、组织、课程、课堂等相互依存、彼此关联，但这些要素是一种松散型的分布，而缺少整体的统领和有机地统一，目标的上位功能在这里体现得非常明显。创业教育目标决定了高校创业教育的根本性质和任务，它是创业教育活动建立和评价的内在基础，在高校创业教育系统中发挥着主导作用。创业教育目标的确立提供了协调各要素行动的方向，引导组织成员形成统一的行动。当创业教育目标充分体现组织成员的共同利益，并与组织成员的个人目标保持和谐一致时，有助于将系统中的各要素聚成一个联合体，并能够极大地激发组织成员的工作热情、奉献精神和创造性。

2.创业教育目标决定了教育者的活动导向和价值取向

创业教育目标与创业教育活动的主体之间是期望度与完成度的关系。在创业教育活动开展前要明确“为什么要实施此类活动”，并预先设计好“怎样进行此类活动”；在创业教育活动开展中，要始终围绕“如何实现创业教育预期目标”及“怎样实现目标”；在创业教育活动结束后，要反思“是否达到了预期目标”及“如何进一步调整优化过程以更好地完成预期目标”。这也就意味着在整个创业教育活动过程中教育者都必须坚持“目标统领”，教育目标的决定作用是首要的，教育者应尽量提高目标的完成度。创业教育的目标从根本上反映了社会和个人对创业教育活动的期望值，但教育者自身知识、能力及主客观因素等方面的制约，导致其对创业教育目标具体内涵的精准理解和全面把握相对有限，所以在实际过程中教育者只能是无限接近预期期望，尽可能提高目标的达成度。目前，虽然对创业

教育目标基本形成共识，但是随着社会发展需要的变化，目标的内涵和外延也在发生变化，教育者对教育目标的认识是一个动态过程，如果把教育目标认为是渗透在其他要素中的话，实践中将会很难得到有效实现。

3.创业教育目标引导受教育者的发展方向

创业教育目标是引导教育对象，使其能够在思想、素质、知识、能力等方面尽可能地达到社会需求，或者朝着有利于自身发展的方向发展。创业教育目标的实现必须通过教育者和教育对象的共同努力，经过教育对象的内化吸收、主动转化，并最终通过在教育对象身上的内在和外在的变化体现出来。提升创业教育的实效性已经成为社会各界广泛关注的热点，我们通常会以教育对象的思想、素质、知识和能力等方面的变化为主要依据，来判断教育目标的实现程度。在创业教育活动过程中，教育对象通过自身的参与，或获得对创业活动的新认识，或是创业精神的新树立，或激发对创业活动的新激情，或掌握创业活动的新知识，或提升创业活动的新能力，都是在原有基础上的一种创业教育目标的内化，这是教育目标在教育对象身上的物化和对象化。当然，这里的假设是我们认为创业教育活动是有效的，并且能够对教育对象产生正面的效应，以实现预期目标的最大化。

4.创业教育的目标规定了创业教育的内容和教育方法

创业教育的目标是指导创业教育内容和方法选择的核心，它们是实现这些目标的关键工具，也是目标的具体体现。创业教育目标的确立对决定教育内容和方法至关重要。创业教育内容和方法必须与创业教育目标紧密相连，并在实现这些目标的过程中得到有效的体现和实施。如果缺乏明确的创业教育目标，创业教育内容和方法可能会失去方向和意义，变得毫无目的。创业教育的目标明确了希望培养的人才类型，而创业教育内容和方法则提供了实现这一目标的具体途径。随着社会和个人发展需求的不断变化，创业教育目标也呈现出动态变化的特点，这就要求创业教育内容和方法能够灵活地进行调整，以适应新时期对大学生创新精神和创新能力的新要求，并进行必要的更新和优化。尽管如此，创业教育内容与方法对创业教育目标的响应可能会有一定的时间差，这可能导致当前的创业教育在实现其目标时存在一些局限性，从而影响教育效果。因此，在整个创业教育体系中，创业教育目标处于中心地位，它将体系中的各个要素整合成一个相互影响、相互制约的动态系统，确保创业教育内容和方法能够及时响应并实现创业教育目标，培养出能够满足社会需求的创新创业人才。

（二）高校创业教育目标生态的意义

高校创业教育目标生态的确立，决定了教育者的行动取向，引导了受教育者的发展方向，规定了高校创业教育主要内容的设置和教学方法的选用，同时，也对高校创业教育系统中的其他要素具有较强的统领作用，指明了国家创业教育政策的价值取向，指导着高校创业教育文化环境的营造与创建。

1.高校创业教育目标生态的确立与创新型国家的发展要求内在一致

高校创业教育目标的确立离不开当前我国创新型国家建设的大背景，与国家经济社会发展现状相协调。2016 年 5 月，中共中央、国务院印发《国家创新驱动发展战略纲要》，在其中的“战略任务”中明确提出：“推动创新创业，激发全社会创造活力。”“推动创客文化进学校，设立创新创业课程，开展品牌性创客活动，鼓励学生动手、实践、创业。”2017 年 10 月 18 日，习近平总书记在“十九大”报告中指出，“加快建设创新型国家”，前提是全面实行“创造力教育”，首先必须要改造我国现行的教育模式，尽快地通过建立“创造力教育”模式培养出大批符合“创新型国家”需要的人才来满足“创新型国家”建设的需要。基础是全面提升国民的“创新素质”，具体包括创造力意识、创造力人格特征、创造力知识、创造力思维、创造力技能、创造力体能、创造力运用实效等。高校创业教育目标的生态确立即对“培养什么样的人”的价值认同，与创新型国家建设的总体需要相一致，体现了对国家经济社会发展的适应性和能动性，也体现了对高校创业教育的指向性和导向性。

2.高校创业教育目标生态的确立与人的全面发展需求内在一致

马克思关于共产主义新人形象的本质概括是 “每个人的全面而自由的发展 ”，这也是人类未来的目标和前景。所谓“人的全面自由发展”，就是人格和智慧的全面合理发展，人格和才智的自由独立发展。高校创业教育的目标体现了人的主动性和全面发展的需要。当今社会，物质生活和精神生活都得到了极大的改善，大学生对自身的主体性有着迫切的诉求。目标作为一种概念形式，反映了人与客观事物的实际关系，人的实践是以目标为基础的，目标贯穿于实践过程的始终。换句话说，人的行为受目标支配，在实现目标的过程中，人们改变自己的现实，实现自己的自觉和全面发展。高校创业教育目标生态的确立，更加关注现实的人，指向主体的人，培养完整的人，旨在实现人的全面自由发展。

二、现实的人：创业教育目标生态的逻辑起点

对人、人的本性和人的价值的理解和研究，在中西哲学史上从来就不是纯粹的哲学幻想，而是建立在对未来理想社会的设计和建设的基础上的。马克思主义人学理论是一种关于“人”的理论。马克思哲学批判了旧唯物主义，特别是费尔巴哈的“抽象人”，确立了“现实人”的思想。人不是生活在世界之外的抽象的存在。“我们的出发点是从事实际活动的人，而且从他们的现实生活过程也可以描述这种生活过程的思想反思和反响。”马克思在这里所认定的人，“不是一个处于一种虚幻的孤立和固定不变状态的人，而是一个在发展过程中的人，可以通过经验来观察，并在一定条件下进行。”马克思主义人学理论是高校创业教育目标生态构建的逻辑基础，其中“现实的人”是高校创业教育目标生态构建的逻辑起点。

（一）马克思“现实的人”的规定性

1.“现实的人”是具有生命的存在

任何一段历史都需要主体来创造，任何具有目的性的实践活动都需要主体来完成，而主体生命的存在是所有活动的必要前提。对于历史及历史的起点问题的探讨，黑格尔发现了劳动的重要性并将其作为人的本质所在，但是“这样用客观的东西偷换主观的东西，所产生的必然结果是把某种经验的存在非批判的当作理念的现实真理”，黑格尔所提到的人是“理性意义的人”，将人看作是精神的产物。费尔巴哈看到黑格尔存在的本末倒置，提出了“自然意义的人”和绝对的精神完全是不同的。马克思在批判地吸收前人观点的基础上提出，现实的人是一个真实的人，是一个有血有肉的人，具有客观的现实性和动物性。人是直接的自然存在，他们是自然的、有生命的、现实的、情感的和对象性的存在。历史唯物主义首先是一种唯物主义，符合实际是它的最高纲领，现实的人是一种物质存在，是生活在现实社会中的每一个活生生的人，具有基本的生物性需求和自然属性，人类历史的前提无疑是具有生命的个人存在。人作为自然的存在物，其自然属性是与生俱来的，这也是马克思关于“现实的人”的基本立足点。

2.“现实的人”是社会关系的存在

马克思认为，“现实的人”是特定社会中的人类个体，“人的本质不是单个人所固有的抽象物，在其现实性上，它是一切社会关系的总和。”只有在一定的社会关系中，人们才会与自然界建立关系，才会有生产，才会形成他们的生活方式和时代发展。人的本质是人的

真正社会联系，现实的人是所有社会关系的总和，自然性和社会性是人的两种基本属性，自然性是人的生理属性，社会性是“人之所以为人”的关键。在现实社会中，孤立的个体在社会外进行的生产活动是不可想象的，人们必须在与他人的互动与合作中建立自己的存在，因为他们的需要即他们的本性以及他们寻求满足的方式，必须是相互关联的。只有在社会关系中从事实际活动的人才是真正的人，人类自出生之时就具有社会性的本质属性，任何脱离特定社会关系的抽象人都不存在。同时，现实的人作为现实社会的纽带，他们的活动也受到各种既定物质和社会关系的制约。

3.“现实的人”是实践活动的存在

恩格斯指出：从费尔巴哈的抽象的人到真实的、活生生的人，这些人必须作为历史上有过行为的人来考察。马克思认为，“现实的人”是“以某种方式进行生产活动的某个人”，这里的“人”是一个在实践中活跃、具有主观能动性的人，实践性是其本质特征，这决定了历史唯物主义的基本特征——实践性。唯物史观所揭示的社会历史规律，不是独立于人并强加于人的外在规律，而是人类实践中形成的人类活动和发展的规律。实践是人类生存和发展的基础，通过具体实践（劳动），人类实现了自身的诞生和发展，形成了人的属性，获得了追求自由全面发展的物质基础。因此，“现实的人”不仅是自然的、社会性的，而且是实践性的，是实践性活动的存在。在现实生活中，分工使不同的社会实践决定了“现实的人”存在方式的不同，现实的人的异质性是不同社会实践活动的结果。当然，我们强调的“现实的人”是生命实体的存在、社会关系的存在，都以实践活动为基础统一存在于有机体中。

（二）“现实的人”是高校创业教育目标生态的起点

1.人的自然需要成为高校创业教育开展的基本前提

马克思强调，需要是人类生存和发展的条件和动力。任何个人如果不同时为了自己的某种需要和为了这种需要的器官而做事，他就什么也不能做。他强调，我们必须首先建立一个前提，即为了能够“创造历史”，人们必须能够生存。黑格尔认为，个人利益和满足自私欲望的目的是一切行为的根源，人们的不同需求构成了他们追求的利益，“现实的人”对利益的追求是人类生存和生活过程的手段，是人类实践活动的动力。追求现实利益是人类生存的基本前提，也是人们从事实际活动的动力源泉，在不断满足需求、创造新需求的过程中，提升自觉主动。学生的自然性需要即物质需要是最基本的需要，也是高校创业教育的基本出发点，只有在瞄准物质利益满足的基础上去考察和审视创业教育，才能充分调动创业教育参与个体和群体的积极性和主动性。高校创业教育通过合理引导学生认识自身的物质需要和物质利益，选择合理的自然性需求，并激发学生的主动创造性和主体能动性，要使学生认识到满足需求是有条件的，必须通过他们自己的创造实践和创业活动来实现，以满足他们生存和发展的基本需要。

2.人的现实生活世界是高校创业教育存在的基本场域

马克思主义哲学的实践生成论对生活世界进行了重新阐释，世界之所以称为生活世界是相对于一定的主体来说的，是现实的人根据自身的本性需要、价值追求和现实条件等，通过自己的生产实践，通过社会关系的调整等，创造出符合自身需要的理想生活。生活的世界是人的生活，人就是生活中的人，只有通过现实生活，人们才能充分展示和丰富自己的生命潜力和人性，才能真正成为“人”。作为一种社会实践，高校创业教育的全过程离不开个人及其活动，更离不开主体的现实生活世界。高校创业教育就是要从现实生活中的人出发，实现学生的自由而全面的发展。可以说，现实的个体及其活动构成了生命的世界，是高校创业教育发展的源头。人的生活是人类社会一切实际活动的基础，而高校创业教育是针对人的，这意味着人的现实生活是满足个人和社会发展需要的基础。现实生活既是高校创业教育建设的基础和依据，也是创业教育发展的基本场域。创业教育产生于人的生存和发展，并因人类社会生活的变化而发生变化，不同的社会生活为创业教育提供了不同的思想元素和机遇条件，离开了人的现实生活需要，创业教育就失去了其存在的合理性。

3.人的精神追求是高校创业教育发展的动力源泉

物质需要是人类生存的前提和基础，而精神需要作为人的需要体系中重要组成部分直接影响到学生接受创业教育的动力、程度和效果，精神需要应该成为高校创业教育的重要切入点。精神需要是主体进行能动的创造活动的需要，实现自我发展的需要，享受文化成就的需要，情感、愿望、要求得到满足的需要。人的精神需要一旦形成，便作为独立的要素影响、制约和支配着人的行为。这些精神需要和利益包含了人对自身人格、尊严、价值、发展等的意识和追求。“创业精神”类似一种能够持续创新成长的生命力，个人的创业精神是在个人力量和个人愿景的指导下，从事创新活动。作为意义性和精神性存在的精神需要在一定程度上决定着创业教育存在的合理性。高校创业教育要关注学生的精神需要，并要根据学生的精神需要和利益需求变化进行因时因势的调整。

三、完整的人：创业教育目标生态的逻辑终点

在马克思主义哲学的发展历程中，虽然马克思有过“完整的人”“人的全面发展”“人的自由发展”等不同论述，尤其是其关于“完整的人”的文本表述在马克思一生中仅仅用过两次，但是它们内在的精神实质及价值内涵是完全一致的，在逻辑上是连贯的。马克思关于人的逻辑的演变历程是从“完整的人”的预设出发，在实践唯物主义的基础上，通过对人的实践本质和历史生成的考察，最终提出了“人的全面发展”理论。高校创业教育就是要把大学生从“现实的人”转化为“发展的人”，实现生存与发展的统一，适应与改造的统一，个性与整体的统一，素质培养与能力提升的统一，个人发展与社会进步的统一。

（一）马克思“完整的人”的论断

1.“完整的人”是人的劳动活动的丰富发展

按照马克思的观点，人的本质不是恒定的，人作为一个生存性的存在者，在生命的历程中呈现出一个生机勃勃的过程，个体通过自由自觉地有意识的生命活动，不断地在改造社会的同时改造自我。马克思认为，作为类存在物，人的本质是自由自觉的活动，即实践活动。活动的全面发展表现为活动内容与形式的多样性、丰富性、完整性和可变动性，改造自然的活动、改造社会的活动和改造自身的活动全面生成并彼此融合、协调发展并和谐共促。“完整的人”首先是人类劳动活动的全面发展，个人可以根据自己的兴趣和才能自由选择自己的活动领域，而不只是从事体力劳动，而且还从事脑力劳动，不仅参与物质生产活动，也参与经济、政治、文化管理活动，开展科学、艺术创作活动。

2.“完整的人”是人的需要的全面发展

需要是生物体在生存和发展过程中对客观事物的生理和心理要求，它通常以内部的缺乏或不平衡状态表现出其生存和发展对于客观条件的依赖性。需要是有机体生存和发展的重要条件，它反映了有机体对内部环境或外部生活条件的稳定要求。人不仅有自然性需要，也有社会性需要，不仅有物质需要，也有精神需要，人的需要是人的本质的一种体现，正如马克思所指出的“人们的需要即他们的本性”。需要是人类一切活动的源泉和动力，人们所从事的一切社会实践活动都是为了某种目标或需要的满足，随着现有需要的满足又会产生新的需要，而新的需要催生新的实践活动，以此循环，在推动社会发展的过程中也推动了个体自身的发展。“完整的人”是人的需要的全面发展，即个人按照自己的自主活动来发

展一切合理的需要，形成需求多样、层次递进的丰富体系。

3.“完整的人”是人类社会关系的充分占有

马克思指出，人的本质是所有社会关系的总和，这意味着社会关系起源于人，因为人与人之间有各种复杂的关系，这些关系被统称为社会关系。随着人类改造自然和改造社会的实践活动的深化和扩大，历史上形成了复杂多样的社会关系。马克思强调，“人的本质不是单个人所固有的抽象物”，必须将“完整的人”置于现实的社会关系中加以考察，完整的人不仅是人身的自由，更是对“物的依赖关系”克服后的一种主动发展的状态。现实的人总是生存与发展在具体的社会关系中，具体的社会关系为人的发展提供了可能，也制约着他的未来，社会关系是劳动实践活动的展开，社会关系决定着一个人的发展程度。完整的人不仅作为一个社会群体的一员，而且作为一个个体与他人的相互关系，应该充分地占有自己的社会关系，并且应该不受现有社会关系的制约，建立全面、开放、和谐的各领域、各层次社会关系。

4.“完整的人”是人的个性素质的自由发展

什么是人的个性？不同的学科给出了不同的答案。从哲学的角度对人的个性的理解与其他学科如心理学、社会学等有相同之处，即一个人在思想、性格、品质、意志、情感和态度上与其他人不同，这种特质表现在他的说话风格、行为风格和情感风格等方面。但其不同之处体现为哲学所讲的人的个性是个人在处理与社会关系的活动中表现出的独特的主体行为特征，即主体性和差异性，个性就是个人较为稳定的主体性和差异性的统一。个性自由是个人发展甚至社会发展的根本标志。“完整的人”是人的自觉能动性、主动性、创造性的自由发展，是个体独特的人格、素质、能力等方面的差异发展，打破个性的单调化、模式化和定型化，最终形成个人的唯一性、不可替代性和不可重复性。

（二）“完整的人”是高校创业教育目标生态的归宿

1.促进人的完整发展，是高校创业教育的本质体现

创业教育与人的全面发展从根本上是一致的，创业教育在本质上具有“属人”性，其作用的起点是“现实的人”，终点是培养具有全面素质和自由个性的创业者。现代的创业者应具有强烈的自我意识和主体意识，在实践中，保持积极主动、勇于进取的态度，而且能够在社会角色的冲突中构建新的人格。他们具有全面的素质结构和能力结构，能够在实践

中适应环境和改造环境，以个人创业目标的实现构筑通向社会共同理想的阶梯。高校创业教育应按照全面性要求，既要注重学生智力知识的充分发展，物质生活和精神生活的协调发展，也要注重一般能力和专业能力的统筹提升，正确世界观和价值观的形成，最终实现德与智、身与心、真与善的多向和谐发展，在个体全面发展的基础上实现整个社会的和谐发展。

2.促进人的完整发展，是高校创业教育的目标体系

国务院《关于深化高等学校创新创业教育改革的实施意见》中明确提出："要坚持育人为本，提高培养质量。把深化高校创新创业教育改革作为推动高等教育综合改革的突破口，树立先进的创新创业教育理念，面向全体、分类施教、结合专业、强化实践，促进学生全面发展，提升人力资本素质，努力造就大众创业、万众创新的生力军。"高校创业教育必须以人的"完整发展"理论为指导，构建创业教育目标体系。首先是体现人的本质特点基础上的"做人的目标"，包括基本的身心素质、公民道德方面的要求，必要的人生教育是创业的前提；然后是基于一定职业发展需要的"做职业者"的目标，包括从事一定职业所需要的职业道德与精神、基本的职业技能与能力、职业人格与心理等；进而升华为基于事业追求的"做事业者"的目标，包括对所追求事业的职业理想、职业品格和职业情意，职业目标是基础，事业目标是发展；最后是基于前三者目标基础上的"做创业者"的目标，包括岗位的创新精神和事业的开创能力等。四个目标体系递进提升、融会贯通，共同构成了一个整体，也正是体现了"促进人的完整发展"的目标，也就是创业教育的目标体系。

3.促进人的完整发展，是高校创业教育的应然追求

近年来，从国务院文件的出台，到各省（市）配套落实方案的发布，都将高校创业教育明确为人才培养的重要环节和关键领域，提出将"创新创业教育贯穿于人才培养的全过程"。但是，审视当前高校创业教育的现状，尤其是在目标上的"工具倾向"和就业指向，限制了创业教育的育人功能和发展功能。高校创业教育应该将促进人的完整发展作为追求，首先是促进学生的个性化发展，既要注重创业教育面向全体的"广谱式"，也要设立阶层性和针对性的目标体系，根据不同学生的不同现状和需要提供"精准帮扶"；同时，要促进学生的价值性发展，将社会主义核心价值观融入创业教育各环节，培养学生全新的发展理念，将个人的命运与祖国的兴衰联系在一切，努力成为社会主义的创业者、创新型国家的建设者、自我价值的实现者；最终，要促进学生的和谐发展，创业教育是创造事业的教育，成

功事业的象征包括理想道德的热情、精神生活的健康和欢乐以及自然社会的和谐和统一。

四、主体的人：创业教育目标生态的逻辑节点

马克思主义哲学认为，人的主体性是人的本质属性，是人作为活动主体在同客体的相互作用中所表现出来的功能特性。人的主体性发展是活动主体能够积极、主动、有目的性地从事活动，并由此发生变化。发展人的主体意识，提升人的主体能力是高校创业教育的内在要求，也是提高教育实效的必要条件。创业教育的目标与学生主体性发展的内涵是一致的，学生的主体性发展强调自主学习、能动参与和创新创造，创业教育应将培养和发展人的主体性作为高校创业教育目标生态的逻辑节点。

（一）“主体的人”是高校创业教育目标生态的本真要求

1.促进人的主体发展是创业教育自身发展的内在要求

促进学生的主体性发展就是要强调以学生为中心，发展学生的主体性，与学生的发展要求和教育的宗旨相契合，主体性教育理论已经被广泛应用于教育工作的各个环节与领域，并取得了较好的效果。当前，高校创业教育面临着诸多困难和问题，其中，如何更好地发挥学生在创业教育学习和实践活动中的自主性、能动性和创造性成为提高高校创业教育实效的关键，促进学生的主体性发展与创业教育自身发展的内在要求相契合。纵观当前我国高校创业教育的积弊主要表现在参与主体的主体性发挥不足，学生的自主性和能动性没有得到有效激发，学生的创新性思维和创造性能力不强，导致了创业教育结果的低质低效。以促进学生主体性发展为核心的主体性教育有利于变革高校创业教育中的弊端，强调以生为本，让学生在创业教育过程中形成创新型的主体性人格，进而获得充分、自主地发展。高校创业教育应加强学生的主体性教育，唤醒学生的自主创新意识、培养学生的健全自我人格，提高学生接受创业教育的主动性、参与创业教育的积极性、实践创业教育的能动性，使学生成为“愿创业、会创业、能创业、创好业”的高素质创新型人才。

2.促进人的主体发展是我国创新发展战略的客观要求

在当前全球经济快速发展，尤其是创新型经济蓬勃发展的时代背景下，提高国家的创新驱动能力，发展创新型经济，创建创新型国家，建立创新型社会等已经成为提高国家全球竞争力的关键所在和发展战略。如何培养大学生的创新能力，加强创新型人才的培养已

经成为世界各国面临的共同问题。高校创业教育成为培养创新型人才、拉动创新型经济发展的重要路径，对促进学生主体性发展提供了一种人才培养的新理念和新视角。创业教育对学生发展及国家、社会的贡献度有多大，很大程度上取决于学生主体性发挥的程度的高低。主体性越强，则教育对象认识和改造世界的意愿越强、参与越深、效果越好。面对创业型社会建设过程中对受教育者提出的素质要求和能力需要，传统的更加侧重知识本位和文化传递的教学已经不能适应社会现代发展需要，基于促进人的主体性发展的高校创业教育可以更加彰显以人为本的教育理念，在教育过程中更加注重学生主动性、自觉性、创造性的培养，通过训练学生的积极创新思维、激发学生的创新创业意识，培训学生的创新创业能力，有力推动创新型国家建设。

3.促进人的主体发展是现代大学生发展的本体需求

按照马斯洛的需求层次理论，自我实现是其中的最高层次。自我实现蕴含着两个层面的含义，一是完善的真正的人性的实现，主要体现在合作、求知、审美、创造等潜能的充分发展。二是作为个体的差异性的潜能和特质的实现。以马斯洛和罗杰斯为代表的人本主义心理学家揭示了大学生主体性发展的内在动力，马斯洛认为：“理想的大学将是一种教育的隐退，使你能试着发现你自己。理想大学的主要目标将是自我同一性的发现，同时也是使命的发现。”每个人都不会满足于自己的已有成就，都会在不断地创造、建设过程中提升个人价值，获得快乐的体验，增强自我实现。纵观现代成长起来的大学生，他们有着强烈的主体意识，追求自身的发展与进步，有着强烈的自我实现的需要和渴望。促进人的主体性发展的创业教育能够更好地发展学生的主体性和创造性，能够激发学生的自我发展潜能，改变传统创业教育更加偏重就业功能的工具性倾向，同时关注学生自身发展的个体促进功能。无论从主客观的视角，促进人的主体发展的创业教育，顺应了学生的成长成才规律和身心发展规律，有利于促进学生主体性的充分发展和综合素质的全面提升。

（二）人的主体性发展与创业教育的内在关联

1.人的自主性与创业教育活动的实施

自主性主要体现了受教育者在教育过程中的地位，作为主体性发展中的关键要素，突出表现在受教育者具有独立的自主意识和积极的学习态度，即在没有监督的情况下，学习者根据自己的知识准备、学习方法、学习能力和学习任务，积极调整学习策略和努力。在高校创业教育实施的过程中，受教育者的自主性主要体现在根据自身的实际和需要，在教育者的引导和帮助下独立进行创业实践。具体表现在参加创业教育积极性的激发，学生能够自主自愿地参加创业教育的相关活动；能够根据自身需要，自主选择创业教育的课程和内容；能够根据自身的实践领域和创业意向，自主选择对该领域比较熟悉的专家导师进行指导；能够根据创客产品的设计、销售的需要等，自主设计实践的流程和步骤。在整个创业教育过程中，受教育者作为实施主体要能够自我决定、自我教育、自我学习、自我控制、自我支配、自我展示、自我实践，使每个教育对象在接受创业教育后，能够创造出不同的自我。

2.人的能动性与创业教育过程的控制

能动性亦称“自觉能动性”，是人的主观意识和实践活动对客观世界的反应或行动。面对纷繁复杂的社会变化和知识信息爆炸的时代新特点，如何在错综庞杂的知识体系中筛选有价值的信息、学习有意义的专业知识和技能，需要受教育者对教育活动的主体参与、主动思考、主动管理和主动建构，在自己原有知识结构的基础上进行同化、加工和重构，建立起自己的认知结构体系。受教育者能动参与创业教育活动，主要包括对创业教育活动的认识、过程的实施和过后的反思。首先是创业活动的起点，需要学生从自身实际情况出发选择创新的知识和内容，加深对创业活动的认知与思考，并主动地积极选择相关的知识信息进行加工重组，主动建构自己的创业知识体系；在创业教育实施过程中，学生应积极将之前获得的认知信息转化为亲自的动手操作、主动的应用实践，通过实践检验和创新知识的价值；在创业教育活动后，学生应及时进行主动地反思，主动调整实践的策略与方法以更好地实现创业教育的预期目标。

3.人的创造性与创业教育结果的获得

创造就是首创前所未有的事物，开辟新的研究领域并实现新的发展。创造本身就是一种挖掘、开发，是人的主观能动性的深层发挥。建立在自我认知基础上的，以求新求异为特征的创造性是人的主体性发展的最高层次。社会需求复杂多样，必须增强受教育者的创造性，不仅要时刻保持创新精神、挖掘自身创造潜力，还要积极的培养自身的创造品质和创造思维。高校创业教育就是要通过激发学生的创造潜能，培养敢于突破常规、善于标新立异、勇于探索实践的社会主义创业者，其中主要包括强烈的创造性意识，如动机、理想、信念等，这是开展创造性实践的前提和动力；优秀的创造性思维品质，如个性、人格、进取心、勇气、魄力等，是创业成功的必备素质；过硬的创造性能力，如经营管理、破旧立新、自我发展等，是创业成功的关键要素。

第四节　高校创业教育生态系统之政策生态的构建

政策是由一个或一组行为者对要实现的目标、要遵循的行动原则、要完成的明确任务、要完成的工作方法进行权威性的标准化，在某一历史时期内，应采取的一般步骤和应采取的具体措施。简言之，它是一段时间内，在某项工作上采取的路线、行为准则和规范规章的总和。创业教育政策是各级政府通过各级各类教育系统，以培养学生创新意识、创业精神和创业能力为核心而制订的一系列规范和措施。

一、创业教育政策的演进历程

从我国创业政策的总体情况看，政策主体主要针对高等院校和部分社会机构，虽然其他部门和机构也参与了一些政策的内容，但它们没有做出详细的规定和解释。其中，高校创业教育政策始于 1998 年制定的《面向 21 世纪教育振兴行动计划》，此后陆续颁布了关于创新创业教育的政策。特别是近年来，我国出台的创业教育政策或涉及创业教育内容和要求的政策越来越频繁，政策内容从宏观方向性建议逐渐细化为各种微观实施方案，并通过相关指标确定创业教育各个阶段所需取得的成果。从创业政策的颁布时间来看，中国政府网“创新创业政策”栏目中的相关政策于 2012 年开始实施，政策数量逐年上升，并在2015年达到高峰。从政策的文本分析来看，我国创业教育政策的演进历程，可以大致划分为以下四个阶段。

（一）以教育扶贫为导向的“弱势群体”创业教育起步阶段

我国的创业教育政策最早源于联合国教科文组织的“教育扶贫项目”的一部分，最初主要围绕“贫困问题之解”的弱势群体创业教育。1988 年，世界经合组织的柯林·博尔向联合国教科文组织提交的一篇论文中首次提出教育的“三本护照”，即未来的人应掌握学术型、职业型和开拓能力。随后在 1989 年北京召开的“面向 21 世纪教育国际研讨会”上，将“三本护照”写入会议报告。1990 年 8 月，联合国教科文组织亚太地区办事处在泰国曼谷召开会议，包括中国、印度等发展中国家提出了以提高儿童、青年创业能力为核心的“亚洲教育革新为发展服务计划（1992—1996）”（APEID）。该项目首次提出了创业能力的框架结构，确立了教育革新的一个国际性课题，就是要帮助那些处境不佳、受教育条件差的12~

24岁的青年提高就业竞争力，获得自谋职业的“第三本护照”。这个时期，我国的创业教育政策主要以上述“革新计划”为指导，多以实验的形式首先在成人教育、职业教育，逐步向基础教育等领域展开，旨在促进社会的公正公平。

（二）以创业活动为主导的“精英创业教育”试点阶段

20世纪末，随着我国高等教育结构的变化，知识经济的发展对创新创业人才需求的增加，创业教育政策也悄然从弱势群体的“教育扶贫”转变为高端精英的“科技创业”。1998年12月教育部制定的《面向21世纪教育振兴行动计划》，明确提出“加强师生创业教育，并采取措施，鼓励他们自行创办高新技术企业。”这是我国政府文件中首次出现“创业教育”的概念。在此基础上，我国一些高校借鉴国外创业教育理念，积极参与国际创业教育活动的交流。如在清华大学创业计划大赛基础上发展而来的“挑战杯”创业大赛，清华大学成立创业研究中心，参与全球创业观察。2002年4月，教育部确立清华大学、中国人民大学等9所大学开展创业教育改革试点，其中，除南京经济学院和黑龙江大学外，其余均为“985”国家重点建设高校。同时，创业学学科建设逐步成型，2003年发布“中国创业学学科体系”，举办首届创业骨干教师培训班。这个时期，我国的创业教育政策试图“以点带面”，主要以聚焦高水平大学人才培养的“精英化”为导向。

（三）以促进就业为导向的“就业创业教育融合”发展阶段

2003年以来，伴随着高考扩招带来的毕业生“知识失业”，大学生就业难成为非常严峻的社会问题，受到中央政府的高度关注。2004年，教育部、劳动和社会保障部联合发文，决定在37所高校开展以SYB为内容的创业教育。2005年，团中央引进KAB创业教育项目，并在清华大学等6所高校试点。2006年，全国首家创业管理硕博学位点获得授权。2007年8月，劳动与社会保障部出台《关于进一步加强创业培训，推进创业促就业工作的通知》。同时，《中华人民共和国就业促进法》审议通过，将创业教育首次上升为国家意志。12月，教育部制定《大学生职业发展与就业指导课程教学要求》，增加创业教育部分，并明确具体教学内容。2008年，教育部单列30个国家级创业教育人才培养实验区。鼓励大学生创业，通过创业解决就业，将创业培训作为大学生就业指导的重要组成部分，将就业教育与创业教育融合开展成为这一时期创业教育政策的主要导向。

（四）以面向大众为导向的“创新创业教育融合”推进阶段

2010 年，教育部成立高等学校创业教育指导委员会，颁发了《关于大力推进高等学校创新创业教育和大学生自主创业工作的意见》，首次将创新的概念融入创业教育中，也标志着我国创业教育进入教育行政部门指导下的全面推进阶段。2012 年 8 月，教育部出台《普通本科学校创业教育教学基本要求（试行）》及《“创业基础”教学大纲（试行）》，首次系统提出创业教育课程的具体要求，突出了创新创业教育要面向全体学生。2014 年，继 2010年以来实施第二期“大学生创业引领计划”中强调“普及创业教育”。2015 年 3 月，国务院办公厅颁布《关于发展众创空间推进大众创新创业的指导意见》，以激发全社会创新创业活力为主线。5 月，国务院办公厅颁布《关于深化高等学校创新创业教育改革的实施意见》。10 月，《教育部关于本科高校向应用型转变的指导意见》和 2016 年 6 月《关于中央部门所属高校深化教育教学改革的指导意见》，都强调了要把创新创业教育作为全面提高高等教育质量的内在要求和应有之义。从本体论上，修正和充实创新创业教育内涵，将其以“面向大众”的形式融入国民教育体系，成为当前创业教育政策的主要导向。2017 年，教育部先后两批认定了 200 所“深化创新创业教育改革示范高校”。2018 年，教育部实施一流专业建设“双万计划”，提出要“推动创新创业教育与专业教育、思想政治教育紧密结合，深化创新创业课程体系、教学方法、实践训练、队伍建设等关键领域改革。”

二、创业教育政策的特征变化

近年来，国家层面出台的推进高校创业教育的相关政策文件，从文本分析中可以发现，在总体目标与基本原则、领导管理与协调机制、课程设置与运行机制、师资建设与发展规划、实践指导与强化机制等方面存在明显的特征变化。

（一）创业教育的总体目标与基本原则：从“带动就业”到“促进发展”

在创业教育政策形态演进过程中，其总体目标和基本原则大致经历三个阶段，从 1998 年的《面向 21 世纪教育振兴行动计划》中“鼓励教师和学生自主创办高新技术企业，带动国家高新技术产业发展”，到 2008 年国务院出台《关于促进以创业带动就业工作的指导意见》，及随后出台的《关于实施大学生创新引领计划的通知》和《教育部关于大力推进高等学校创新创业教育和大学生自主创业工作的意见》，虽然在文件中没有关于创业教育总体目标和基本原则的明确论述，但在文本中可以看出“促进以创业带动就业”成为很长一段时间创业教育政策的战略重点。到 2015 年国务院出台的《关于深化高等学校创新创业教育改革的实施意见》，首次对高校创新创业教育的总体目标和基本原则给予明确表述，在传统将创业教育作为带动就业的举措基础上，确立了到 2020 年“建立健全课堂教学、自主学习、结合实践、指导帮扶、文化引领融为一体的高校创新创业教育体系”的总体目标和“育人为本，面向全体，促进学生全面发展”的基本原则。

（二）创业教育的领导管理与协调机制：从“教育行政”到“协同推进”

在我国早期创业教育的相关政策中，很少谈及创业教育的领导管理与协调机制，多为“口号式”的建议，而缺少具体的“落地措施”。在 2010 年人力资源和社会保障部发布的《关于实施大学生创业引领计划的通知》中提出，“充分发挥就业工作联席会议作用，会同有关部门成立引领大学生创业工作指导小组，统一负责本计划的组织实施。”为了具体落实“创业引领计划”，同年，教育部出台《关于大力推进高等学校创新创业教育和大学生自主创业工作的意见》,此文件因为出自教育部,所以行文中将创业教育的具体工作落实给了“省级教育行政部门”和高等学校。领导管理和协调机制的教育行政主体化突出了创业教育在高等教育中的重要地位，但在具体推进过程中仍然“势单力孤”。2015 年《关于深化高等学校创新创业教育改革的实施意见》的出台，将创业教育的领导工作从教育部上升到国务院，提出在深化创新创业教育改革过程中必须坚持协同推进，汇聚培养合力，形成全员参与的良好生态环境。

（三）创业教育的课程设置与运行机制：从“单科切入”到“专创耦合”

创业教育课程作为实施创业教育的具体载体，在我国的创业教育政策中也被屡次关注，根据《国务院办公厅关于切实做好 2007 年普通高等学校毕业生就业工作的通知》“将就业指导课程纳入教学计划”的要求，教育部制定《大学生职业发展与就业指导课程教学要求》，在传统的就业指导基础上，增加第六部分的“创业教育”，但是主要内容只涉及创业内涵与意义、创业精神与素质、创业法规与政策等方面。随后，在教育部推进创新创业教育的系列文件中，也都涉及创业课程的设置与实施，并提出“应将创新创业类课程与专业课程体系有机融合，将创新创业实践活动与专业实践教学有效衔接”。2012 年教育部制定《普通本科学校创业教育教学基本要求（试行）》及《“创业基础”教学大纲（试行）》，提出“要建立健全创业教育与专业教育紧密结合的多样化教学体系，在专业教学中更加自觉培养学生勇于创新，善于发现创业机会、敢于进行创业实践的能力。”同时，“创业基础”课程的内容覆盖面更广，针对性更准，实战性更强。

（四）创业教育的师资建设与发展机制：从“志愿导师”到“能力建设”

师资队伍建设在早期的创业教育政策中虽然有所涉及，但多为“点到为止”，如《面向21世纪教育振兴行动计划》中提到“加强对教师和学生的创业教育，采取措施鼓励他们自主创办高新技术企业。”在《关于实施大学生创业引领计划的通知》中提出“建立完善大学生创业导师制度，组织一批有社会责任感的企业家和专业人士成立大学生创业导师团、专家志愿团等”。在《教育部关于大力推进高等学校创新创业教育和大学生自主创业工作的意见》中，首次将“加强创新创业师资队伍建设”作为单列项，提出既要注重校内教师的理论与案例研究，支持教师参加创新实践，又要广泛聘请兼职导师。在《教育部关于全面提高高等教育质量的若干意见》和《普通本科学校创业教育教学基本要求（试行）》中，也都强调了要建立一支专兼职结合的创业教育师资队伍。直到《关于深化高等学校创新创业教育改革的实施意见》中，对创新创业教育教师的教学能力建设，如职称评聘、绩效标准、考核淘汰、规范管理等方面提出具体要求。

（五）创业教育的实践指导与强化机制：从“项目活动”到“实训体系”

纵观政策的文本描述，创新创业实践大致经历了“项目活动—基地平台—实训体系”三个阶段。在2010年以前的创业教育实践多为以具体项目活动为主的培训阶段，如2004年《关于在部分高等院校开展“创办你的企业”（SYB）培训课程试点的通知》和2005年共青团中央、全国青联与国际劳工组织合作，在中国大学中开展KAB创业教育（中国）项目（简称“KAB项目”）。在《教育部关于大力推进高等学校创新创业教育和大学生自主创业工作的意见》中，除了提出要通过举办创业大赛、论坛、讲座等形式，提升学生创业能力外，还用了大段篇幅，首次对“加强创业基地建设，打造全方位创业支撑平台”提出明确任务，要建设和完善创业基地的功能和管理，并提供多种形式的指导帮扶。在国务院《关于深化高等学校创新创业教育改革的实施意见》中，提出要“完善国家、地方、高校三级创新创业实训教学体系，促进项目落地转化。”

第五节 高校创业教育生态系统之环境生态的构建

生态和环境是不同的，也是相关的。生态着重于生物与其周围环境的关系，反映出更系统性、整体性、相关性，而环境则强调以人类生存与发展为中心的外在因素，更多地体现在为人类社会提供广阔空间、丰富资源和生产生活的必要条件上。可见，环境是相对于某种中心事物而存在的，在教育存在发展的环境中，教育作为中心事物与周围条件相互作用、相互影响，有着内在必然的联系机制。创业教育的环境是与高校创业教育生态系统有关的周围事物以及影响师生创业行为的各种社会因素和自然因素的总和，是对高校创业教育的开展及其效果产生影响的内外部环境之间关系及其结构的总和。关注创业教育环境生态因子，构建环境生态是以生态思维为指导推进高校创业教育理论与实践的重要体现。本部分主要从文化环境和组织环境两个方面来构建高校创业教育环境生态。

一、创业教育环境生态的性质功能

创业教育环境是复杂的，不仅是因为其构成因子的复杂多样，而且还因为环境本身时刻处于动态过程中，有些是可以直观看到的，有些是隐性无形的，我们只有认识到创业教育环境的不同，才能有效地选择环境、优化环境。根据环境的内容，可以把创业教育环境分为自然环境和社会环境。自然环境是影响创业教育发展的自然条件的综合，优美的校园自然资源可以成为优质的教育资源。创业教育的社会环境就是影响创业教育发展的社会条件的综合，包括国家和地方的创新创业政策、经济发展状况、文化思想传统、心理人际因素等；根据对创业教育发生影响的因素的来源，可把创业教育环境分为外部环境和内部环境。外部环境是高校以外的对创业教育产生影响的因素的综合，如政府参与行为、财政投入力度、社会教育观念、家庭教育理念等。内部环境是高校内部对创业教育质量产生影响的因素综合，如校园的物质环境、文化环境、制度环境、心理环境等；根据对创业教育发生作用的环境因素的存在方式，可把创业教育环境分为显性环境和隐性环境。显性环境是对创业教育发展直接的、可见的影响的因素综合，如高校创业教育的条件、资源、组织、管理等。隐性环境是对创业教育产生潜移默化作用的、以潜在的形式存在的因素综合，如高校创业教育氛围、创业教育意识、创业教育心理等。创业教育生态环境是由若干个独立的环境因子以其特定方式构成的，综合上述多种维度的分类，无论从内部环境还是外部环境，都可以将其总体分为文化环境、组织环境两大类，每类环境包含若干子环境。

主体与环境的关系是生态学研究的主要关系之一，因为环境本身的复杂性和多元性，所以认清创业教育环境生态的性质成为建设优质环境的前提和基础。一是整体性。组成环境生态的各环境因子之间存在着普遍的物质、能量和信息等交换，并表现出整体的结构与功能，组成环境的各因子不是孤立存在和发展的，而是作为整体的一部分发展变化着的，在系统中它们总是力求保持协调一致，与环境的总体特征相统一，某一因子的变化会导致其他因子甚至整个环境的改变，具有“牵一发而动全身”的作用。虽然前文中我们从不同的维度与视角将高校创业教育的环境分为若干类型，但在实际作用过程中是不能割裂开来的，分类研究只是为了便于将问题进行细致分析。二是复合性。影响高校创业教育的各类环境因子在发挥作用和功能时呈现出多重叠加的形式。从其所在的地理位置来看，高校创业教育受到所处地区自然环境的影响，尤其对于开展生态创业方面产生明显影响；从所在的社会环境来看，高校创业教育的开展成效必然受到经济环境、文化环境、制度环境、组织环境和资源环境等因素的复合影响；从创业教育教师群体的视角来看，其行为活动受到学校制度规范、激励措施、专业文化、人际关系等因素的渗透与影响；从创业教育学生群体的视角来看，其接受程度与效果受学校文化环境、朋辈人际关系、家庭教育环境、师生主体间性等因素的影响。环境的生态发展与营造，形成生态环境，与生态系统中生态主体相对应，对生态主体及其他生态因子产生重要影响。高校创业教育的环境本身是一个复合环境系统，各类环境交互联动、相互融通、多元复合、共同作用。

创业教育环境生态的功能是生态环境对创业教育的作用，当然，环境对创业教育的功能表现为正负两个方向。优化创新创业能力培养的环境就是形成创业教育与其环境的良性循环机制，充分发挥环境的正向功能。一是导向与调整功能。教育环境对教育价值取向具有干预、定向的作用，教育环境对创业教育的导向功能主要是通过政府、法规、制度、舆论等中介实现的，这种导向转化为教育的价值取向，并最终落实到学校的办学指导思想和人才模式、人才规格上。二是激励与发展功能。良好的教育环境可以有效地激励教育工作者的教育教学热情和学生的学习热情，调动他们的自觉性、主动性和创造性。良好的创业教育环境，一方面可以表现为推崇创新、尊重创造和鼓励创业的政策导向和舆论导向，它给师生开展和接受创业教育提供信念支持和精神动力；另一方面表现为宽松的学习氛围，良好的人际关系和舒适的学习生活环境，有助于师生对创业教育专心地教或用心地学。三是保障与规范功能。教育环境可以给教育的发展提供充分的资源和条件保障，高校创业教育的有效开展需要教学场地的充足和教学仪器设备的更新，需要创业教育教师队伍数量的增加与专业水平的提升，需要相关法律法规、政策制度的制订与实施、规范与保障，需要创业教育组织机制和体制的健全与运行顺畅等，这些都离不开创业教育环境生态的文化环境、组织环境等要素的参与。

二、创业教育文化环境的多维创设

文化“化人”，事半功倍。高校创业教育文化环境是大学生创业文化的子环境，大学的创业文化应该为学生创业提供一种思维可能。高校在深入推进创业教育的同时，多维度建设创业教育文化环境成为提高创业教育实效和创新型人才培养质量的重要内容。从文化形态的角度看，高校创业教育的文化环境可分为物质文化环境、制度文化环境、行为文化环境和精神文化环境四个子环境。高校创业教育的物质文化环境是学校为大学生创业教育的推广和实施提供了场所、设备、资金、人员等物质生活形式的有机整体；高校创业教育制度文化环境是高校在实施、管理、保障和评价创业教育过程中，通过相关制度、法规、文件和政策形成的有机整体；高校创业教育行为文化环境是在创业教育活动、创业教育实践、创业教育竞赛、创业教育研究等过程中师生共同行为构成的有机整体；高校创业教育精神文化环境是高校在长期的教育教学过程中，经过多年的积淀和凝练所形成的一种创新创业教育的特质文化，它是由创业精神、创业意识和创业价值观等精神成果构成的有机整体。在高校创业教育环境生态中，四个子环境是相互独立的，但也是相互影响的。精神文化环境规定和制约着其他三个子环境，而制度文化环境、物质文化环境和行为文化环境是精神文化环境的保障和表现，四个子环境构成了有机的大学生创业教育文化环境系统。

（一）营造浸润性的创业教育物质文化环境

高校创业教育物质文化具有无形的精神启迪作用，对大学生创新意识和创新精神的培养有着潜移默化地影响。第一，学校所处的自然环境。即学校所处的地理位置，周边景观，区域环境等。美丽的自然风光能给身在其中的师生带来心灵的美好体验和精神享受，但是学校要注重文化的开放共享及与区域环境的融合。创业教育的开放性要求高校不是自我的封闭培养，尤其是当前各高校纷纷新建新校区的时候，应该对学校的地理位置及周边的自然环境进行科学规划与统筹布局，充分利用现有的环境优势，实现校内外的开放协同，实现文化共育。第二，校内文化景观的创设。高校应注重校内各种建设和人文景观设计的文化个性，既要体现大学的文化底蕴与精神标识，也要充分融入创新与创造元素，以激发大学生创新创业的勇气和热情。学校可以通过校训石、宣传栏、雕塑、文化长廊、宣传海报等媒介，宣传创业、鼓励创业、引导创业，将“敬业、守信、诚实、合作、责任”确立为校园创业主流文化。第三，加强学校相关设施建设。高校应充分发挥“两馆一中心”即图书馆和展览馆的辅助功能和大学生创新创业教育和实训中心的指导、咨询、模拟训练和实践体验的功能。高校可利用校园网、校园广播电视、校园期刊报纸等加强对创业教育的知识的宣讲和舆论营造。同时，有条件的高校可以将本校创业成功或者有创业价值的人与事汇编成册或制作展板，通过资料或实物展示和宣传创业历程，丰富创业文化的物质载体。

（二）建设鼓励性的创业教育制度文化环境

高校创业制度文化是指导和规范学生、教师和管理人员创业活动的各种规章制度的总和，其中包括高校为促进大学生创业教育改革和发展而制订的一系列规定和制度，还包含了促进大学生创业教育、引导和鼓励大学生创业实践的社会和国家制度的相关内容。高校创业教育的制度文化不仅要构建创业教育的秩序价值和标准价值，也是激发创业潜力、提高创业意识、促进创业实践的重要内容。第一，高校应按照建立现代大学制度的要求，把培养创新创业人才纳入人才培养的总体目标，在教学组织、创业实践、师资建设、创业教育成效评估与质量控制等方面引进和完善相应的制度，健全有效的创业教育机制。学校的管理制度既包括教学管理、学生管理也包括师资管理和质量管理，如完善创新学分认定与奖励办法、改革大学生学籍管理规定并允许实施弹性学制和休学创业等细则、实施导师制或创业导师制等。第二，积极的激励制度。制度文化除了要对大学生的创业价值和创业行为进行引导和规范外，更重要的是调动和激发广大师生的创业激情。高校可建立创业奖学金、创业扶持基金、创业无息贷款等激励机制，完善大学生创业支持，如创业场所、项目孵化、成果转化等制度，促使学生的创业行为由自发走向自觉。同时，高校要注重对教师创新创业意识的培养与激励，改革和优化现有的教师评价与科研考核制度，整合各种资源，积极搭建产学研合作平台，积极引导和鼓励科研人员将成果转化为生产力，促进各类教学科研人员投身创业教育，增强创业能力。第三，完善的协同制度。高校创业教育的理论与实践、应用与推广离不开政府、企业、社会组织协同与合作。高校应与创业教育各利益主体组建区域创业教育联盟，搭建网络平台，促进创业者、高校和企业知识的共享和信息的交流。在协同制度中，各参与主体目标明确、责任清晰、各司其职、各尽其能，为大学生创业教育的学习与实践提供广泛的平台支持、宽松的创业制度环境，有效增强大学生对创业活动的心理接受与心理预期。

（三）组织引导性的创业教育行为文化环境

创业教育的行为文化主要是以师生参与各种类型的创业主题活动为主，它在深化创业文化积累、强化创业文化氛围、丰富创业文化内容等方面具有重要作用。第一，开展丰富多样的创业活动。高校要在校园文化活动中渗透创业教育内容，积极组织大学生开展一系列有特色的创业文化活动，如邀请国内外专业或商业成功人士举办创业讲座、创业沙龙、创业故事会等，也可以举办创业文化节、创业计划大赛、“互联网+”比赛以及创业精英事迹报告等。同时，各专业可以根据自身特点，开展与创业教育相关的专业竞赛，如专业技能竞赛、商务洽谈竞赛、广告策划竞赛等，促进创业教育第一课堂与第二课堂的衔接和融合。创业教育初期基础比较好的高校，可以创建创业文化品牌，设计创业教育标志，作曲创业教育歌曲，通过各种形式增强大学生对创业文化的认同感。第二，加强创业学生社团组织建设。高校创业社团是学生交流创业信息、分享创业经验、运用和转化专业知识和创业知识的平台，也是大学生培养创业意识和技能培训的有效载体。学生在参与社团开展的创业实践活动中学习新知识，拓宽视野和思路，提高综合素质，逐步增强创业实践能力。高校可以成立创业学生协会，如大学生创意协会、创业俱乐部等，兴趣相近的学生可以互相学习，相互启发合作，开展创业文化活动。同时，高校可以对法律咨询服务中心、勤工助学服务中心等传统的学生组织进行改造转型，增加创业教育板块与内容。第三，鼓励和支持大学生创业实践活动。高校要充分利用各种资源，建设高校科技园、高校创业园、创业孵化器和微型企业创业基地，为学生提供场所和条件的支持。同时，学校可以利用教学实践基地、科研基地等资源，开展参观、与企业面对面、模拟创业等创业实践活动，使大学生了解经营理念、经营规范，并体验公司的企业文化和真正的企业精神。同时，学生可以在创业导师的指导下建立模拟公司，在高度仿真的环境中，提出与实际创业环境中所遇到的类似的问题，使学生能够独立探索和学习，这将极大地激发学生创业的热情。

（四）培育激发性的创业教育精神文化环境

校园精神是学校的灵魂和本质，是学校在漫长的历史中逐渐形成的，是一种普通的价值取向和普遍的心理追求，它是一种精神激励，激励着学校的全体师生积极为自己的美好目标而奋斗，它体现了每个教师和学生的思维方式、行为方式和生活方式。精神文化是一种深刻的观念文化，它是在某种价值目标的支配下形成的对客观事物的看法、想法和观念体系，在个人成长中起着决定性的作用。高校创业教育精神文化是创业教育文化建设的核心内容，是创业教育文化的最高层次，它主要包括在长期创业教育过程中形成的、为全体师生所认同的价值观思想。第一，创新精神。创新精神不仅提倡独立思考，还提倡团结合作、相互交流，具有创新精神的学生保持质疑精神，追求新颖、与众不同，善于打破常规，改革现状，探索和尝试新方式、新规律。培养创新精神就是要激励大学生突破传统框架，将感性的创业激情根植于理性的批判态度中。第二，冒险精神。在艰苦的创业路上，充满着艰辛与变化，有很多不确定因素，这些因素通常付出了时间、经历和资金等要素却不一定会得到回报。冒险精神是创业和经营过程中不可缺少的品质，当然这里的冒险不是无知的冲动与鲁莽，而是在理智判断和长期实践基础上逐步升华的科学冒险精神，是在自信的前提下果敢超越，大胆决策，不断追求新的目标。第三，合作精神。社会化生产要求大部分工作必须通过大量的合作来完成，个人奋斗所取得成功的时代已经基本过去。合作与竞争并存，在竞争的基础上合作，在合作的基础上竞争，这个时代的特点越来越明显。我们要树立竞争意识，把竞争建设成为有序的状态和友好合作的氛围。大学生在创业过程中需要与政府、企业、社会组织等开展多方合作，高校应通过开设团队合作、组织与管理等课程和实践活动，培育学生的合作意识。第四，敬业精神。敬业精神是一种基于对一件事或一种职业的热爱的奉献精神，是社会对人们工作态度的道德要求，是一种在专业活动中的归属感和事业心，追求崇高事业理想的核心是无私的奉献精神。敬业的人具有坚定的理想信念和追求卓越的意志精神，能够克服在创业过程中遇到的各种障碍与挫折，锲而不舍、坚持到底，最终获得创业的成功。

三、创业教育组织环境的多元建构

组织环境是指所有潜在影响组织运行和组织绩效的因素或力量，它调节着组织结构设计与组织绩效的关系，影响组织的有效性，对组织的生存和发展，起着决定性的作用，是组织管理活动的内在与外在的客观条件。我国高校创业教育组织经历了 20 多年的演进，在组织形态、组织机制、组织模式等方面表现出不同特征，创业教育组织环境的建构应该注重培育“内合外联”的组织机制，探索“特色多样”的组织模式，健全“递进聚焦”的组织体系。

（一）创业教育组织环境的多维分析

1.创业教育组织形态呈现趋同性

组织形态是由纵向层次关系及其沟通关系、横向分工及其沟通关系所形成的无形而相对稳定的组织结构，它反映组织成员之间分工协作关系，体现了一种分工和协作框架。创业教育组织形态是创业教育的组织形式、存在状态和运行机制。从当前高校创业教育的组织形态来看，主要呈现出模仿性同形和低水平同形特征。模仿性同形是当组织目标不清晰或未形成统一目标的时候，组织通常会倾向于模仿那些在实际运作过程中看上去比较成功的组织。我国的高校创业教育尚处于起步发展阶段，创业教育的目标、资源、组织、师资、课程与评价等方面存在很大的不确定性，高校尚未探寻到适合自身办学定位、办学特色、专业结构、办学实际的组织模式，为“省时省力”，很多高校都倾向于模仿在创业教育组织方面已经获得较大成功或得到广泛认可的组织。低水平同形主要体现在高校创业教育的专业化水平较低，创业教育的研究内容、研究范式等尚处于初级阶段。虽然教育部成立了“高校创业教育教学指导委员会”和“中国大学创新创业教育联盟”等组织，但仍处于制定标准、设置评价等初级阶段。缺乏规范和专业标准，导致创业教育组织出现低水平同形。

2.创业教育组织机制呈现多样性

组织机制是高校内外部与创业教育和相关利益主体或职能部门的设置和调整的功能体系，它作为创业教育管理系统运行机制的要素，主要功能是根据一定的原则，采用适当的形式，从组织上划分和确定各利益主体和相关职能部门的职责、任务，协调它们的行为，完善的创业教育组织机制是调动和开发校内外创业教育人力物力的重要手段。从高校外部来看，创业教育的发展涉及政府、企业、家长等多个利益相关者，政府对大学生创业的投资和政策支持，企业对大学创业教育的参与，家庭对子女创业的鼓励和支持等都影响着高校创业教育组织机制的选择与组织环境的创造。政府主导下的创业教育组织机制更侧重于行政推动，企业主导下的创业教育更侧重于产业革命，家庭主导下的创业教育更侧重于财富延续。从高校内部来看，创业教育主导部门的不同，其产生的效果也大为不同。教务部门主导的创业教育侧重于创业课程的设置，就业指导部门主导的创业教育侧重于以创业带动就业，创业学院主导的创业教育侧重创业学的学科建设，以各学院为主导的创业教育侧重于创业平台的建设，以创业训练中心为主导的创业教育侧重于“大创项目”的建设，以团委主导的创业教育侧重于创业活动与竞赛的开展。随着创业教育的深入开展，各类创业教育组织机制在实际运行中均存在这样或者那样的不足或缺陷，这也使得高校开始更加理性地构建创业教育组织机制。

3.创业教育组织模式呈现差异性

组织模式是高校为提高创业教育工作效率及实施效果而选择的不同组织形式，对创业教育内涵的不同认识，决定了创业教育组织模式的差异。当前，对于创业教育的内涵还没有在全体创业教育参与者中形成共识，很多时候也将创业教育与创新教育、创造教育、创客教育、创意教育等混合在一起，尤其是经常将创新与创业教育放在一起，即使在国务院出台的文件中也将高校的创新创业教育放在一起，并且在整个文件中也没有将两者区别开来。虽然，创新教育与创业教育彼此融合，互为依存，但是在人才培养的侧重上各有不同。创新教育是对当前教育培养人的功能的重新定位，是以培养人的创新意识、创新精神、创新能力和创新人格为目标的教育。创业教育，广义上是开拓个人的发展，日益注重个体的主动性，冒险、创业和独立工作技能以及技术、社会和管理技能。狭义上是以创办企业为目标，以创新或模仿为基础。正是不同高校对创新教育和创业教育的认识不同，导致创业教育组织模式的差异。以创新教育为核心的高校，注重将创新精神融入现有的专业教育，注重培养大学生的创新精神和创业精神，多采用协调型组织模式。以创业教育为重点的高校更加注重创业成果的产出、应用和转化以及创业实体的建立，多采用实体型组织模式。

（二）创业教育组织环境的构建策略

1.培育“内合外联”的组织机制

当前，高校创业教育改革已成为推动高校教育教学改革的一个突破口，通过创业教育改革倒逼传统教学的改革和人才培养目标的转型。这样的全面改革仅靠教务部门或者创业学院的“单打独斗”或局部改良是远远不够的，高校应围绕创新型人才培养目标，培育“内合外联”的创业教育组织机制。即高校内部要“通力合作”，从创业教育改革的整体出发，从人才培养的全过程出发围绕创业教育进行一系列的改革，打通部门壁垒、形成教务、科研、人事、学工、团委、创业中心等多部门有效支撑、分工协作的机制，在创业教育课程、师资、实践、项目、文化等方面形成全员参与的协同合力。高校外部要“广泛联系”，积极推动高校组织机制建设符合国家创业教育政策和评价标准的实际要求，加强高校与社会、企业、地区、产业的合作与共建，为创业教育的发展争取更多的社会资源，建立有效的创业教育组织协作机制。

2.探索“特色多样”的组织模式

鉴于不同高校的办学发展定位，各高校应站在长远规划的发展视角，明确自身办学特色，探索多样化创业教育组织模式。从目前来看，我国高校大致可以分为创业型大学、研究型大学、应用型大学等不同的办学类型。不同的发展方向决定了开展创业教育的功能与职责的不同、目标与方向的不同、定位与模式的不同。创业型高校的创业教育成为全校的中心工作，围绕“开拓性”创业型人才培养，其组织模式的安排更强调组织柔性的实现，具体体现为目标任务的需求导向以及面向任务的整合式的知识生产方式，其内部资源配置更加重视知识生产效率的提升；研究型高校的创业教育组织模式应着眼于高端创新型人才的培养和高水平科研创新能力的提升，着力通过学术机构改革，构建跨学科、跨专业的创新人才培养平台，突出学生创造潜能的激发，推进学科前沿性研究新成果的实现；应用型高校创业教育组织模式应着眼满足和适应经济社会发展需要的新技术、新技能和新技工，更加侧重培养具有较强社会适应能力和竞争能力的应用型人才，突出学生实践能力的培养和创业技能的培训，实现以创业带动就业。高校应根据自身发展实际构建“特色多样”的组织运行模式。

3.健全“递进聚焦”的组织体系

马克斯·韦伯提出的“理想的行政组织体系理论”，其核心是要使得行政组织发挥作用。在构建创业教育组织体系的过程中，既要尊重创新创业规律，也要尊重教育的基本规律。创新是创业的前提和基础，创意是创新的种子和起点，创客是创新的实践和体验。因此，在组织体系建设中，高校要遵循“创意—创新—创客—创业”的规律培养创新创业型人才。在高等教育运行机制中，要对创业教育的课程设置、实践、研究和培训进行协调，逐步改变当前运行过程中的条块分割和重复现象。同时，应注意通过各环节之间的有效衔接，改变目前创业教育的实施过程中，我们更多把重点放在创业竞赛、创业规划项目、创业产品的研发等显性度或表现度较高的环节，忽视创业教育与专业教育、课程教学、考试改革、教学研究和实践教学的深度融合。高校创业教育要建立完整的“课程渗透—项目支持—活动培训—平台推进—研究促进”的“递进聚焦”型组织实施体系。

第六节 高校创业教育生态系统之课程生态的构建

一、创业教育课程生态的基本要求

创业教育课程生态强调课程目标的广谱与精准相统一、共性与个性相统一；创业教育课程设计的知识传授与能力培养相统一、理论讲解与实践实操相统一；创业教育课程资源开发的校内与校外相统一、线上与线下相统一。高校创业教育课程生态的基本要求主要体现在尊重生命、回归生活和促进发展等方面。

（一）关注和尊重学生个体的生命

物存于世，必有其存在的意义：苍天大地，给予我们生存的空间；碧波清泉，成为生命的本源……世间万物都有它的价值，人作为具有鲜活生命特征的个体存在，更应该得到应有的关注和尊重，获得健康和谐的发展。教育的出发点是对个体生命的理解和尊重，关注个体生命不仅包括个体身体机能的健康发展，还包括个体人格和心智的健全发展，让个体学会与自然的共处、与社会的和谐、与他人的互助，充分领会和体验到生命的价值和意义。课程生态观以尊重学生个体生命的存在为前提预设，要把每一位学生当作一个独特的生命存在，具有不可重复性与不可替代性，具有无限的发展潜能，教育要为不同学生的不同发展创造条件和提供可能。生命的成长与发展是一个动态过程，因此课程的发展也应该是动态的，其随着学生需要的变化而调整。在课程生态视域下，创业教育课程目标不只是创业知识的传授，而是促进学生知情意行的全面发展；创业教育课程的设置不应只利于部分学生的发展而忽视其他甚至大部分学生的发展需要；创业教育课程内容应关注每一位个体的生命感受，促进学生完美个性的养成。

（二）重返学生的生活世界

生活世界是人的生命存在和人生价值得以实现的基础和条件，更是人生得以持续发展的基石。生活世界是人在其中的世界，课程生态应重返学生的生活世界，就是要确立人本意识和生命意识，就是要注重人的生成的动态过程，这里的生活世界包括现实的生活世界、精神的生活世界、动态的生活世界、未来的生活世界和内心的生活世界。现实的生活世界可以提供课程资源、课程知识的应用等；精神的生活世界帮助学生认知和追求美好的生活；动态的生活世界要求课程内容要关注生活世界的变化更新；未来的生活世界要求课程的设置和内容要有预见性和创新性，能够为学生未来可能的生活提供帮助；内心的世界可以尊重每一个学生对生活世界的理解，保证每一个生活者生活的独特性。生活经验是课程内容的重要来源，对精神的生活经验就像我们的身体需要呼吸一样，精神也需要在情感生活的反应中实现和扩大它的存在。创业教育源于生活而必须超越生活，学生在生活世界中获得的对自我、他人、社会的丰富认知以及在生活世界中形成的经验、经历与感悟将成为创业教育课程的重要基础。

（三）促进学生的可持续发展

发展性是相对于知识性而言的，人的本质既是一种生命意义的存在，而更是一种超越生命的存在，因为人的存在更趋向于一种可能性的存在，而人的可能性存在具有无限的丰富性和多样性。因此，学生的无数可能可以通过教育为指导走向一定的目标趋势。课程生态观要求关注学生的可持续发展和终身发展，在课程目标确定、课程内容设计、课程资源开发、课程实施方法和课程评价依据等环节中促进学生智力的发展、动作技能的掌握和情感意志的培养。人类自我发展是可持续发展的终极目标，教育的根本作用似乎比以往任何时候都更能确保人人享有充分发展其才能和尽可能坚定地保持其掌握自己命运所需的思想、判断、感觉和想象力的自由。高校创业教育课程生态将以学生的可持续发展为目标，通过唤醒学生的创新意识和创新精神，为学生的终身发展提供不竭动力支持，围绕学生发展这一中心任务，以更加开放的状态使创业教育课程本身充满活力，并能够适应不同教育个体的多样化发展需要，使其获得可持续发展的能力。

二、创业教育课程目标的层级递进

从某种意义上说，所有教育目标都必须通过课程进行分解落实，课程目标是指导课程发展过程的最关键的准则，它是课程本身要达到的具体目标和意图。它定义了学生通过课程学习后在道德、知识和能力方面所达到的期望程度，它是确定课程内容、教学目标和教学方法的依据。在泰勒看来，确定教育目标是课程开发的出发点，学习者本身、现代校外社会生活和学科专家的建议是确立课程目标的三个来源。创业教育课程目标是创业教育目标的具体实现，其确立是基于学生的现实特点、社会发展的时代需求和相关学科的已有成果等多个方面的综合分析。依据对创业教育目标的理解，结合泰勒的“目标模式”和教育目标筛选原则，高校创业教育课程体系的目标，可以从基础性目标、普及性目标和发展性目标三个层面加以定位。

（一）基础性目标

高校创业教育的最终目标不只是将每一位大学生都培养为成功的创业者，而是通过创业促进人的全面发展，帮助学生成长为完整的人、主体的人和发展的人，其核心是大学生创业心理品质、创新精神和创新意识的培养，这也是创业教育课程体系的基础性目标。优良的道德品质、坚韧不屈的精神、坚定不移的信念、丰富的经验、渊博的知识、充沛的体力和精力等优秀素质都将成为大学生未来事业成功的基本条件。创业本身是一个充满冒险的过程，“艰难困苦，玉汝于成”，对大学生来说，创业并非坦途。要想获得成功就必须有坚忍不拔的意志品格，这就要求创业者敢于面对挫折，正确看待失败，具有坚韧的意志力和顽强的战斗力。同时，应该具备积极、乐观、自信的心态，待人真诚、善于合作的精神，对社会、家庭和工作充满责任心等，这都是创业者必不可少的基本素养。创业教育课程体系的基础和核心是创业潜在意识的激发和创业精神的养成，因此，课程应注重培养大学生强烈的好奇心和批判性思维，使其不墨守成规，独立思考，大胆质疑，开发创新思维等。

（二）普及性目标

创业教育课程体系的普及性目标是帮助学生掌握相关创业的基本知识。广义的创业知识是指对创业实践过程有意义的知识体系及其个体结构，主要包括专业基础知识、管理知识和综合知识。狭义的创业知识是指应用于创业过程、步骤和方法的具体知识。专业基础知识是从事某一专业或职业所必需的知识，一般与专业和专业能力相结合。创业基础知识主要包括创业的基本概念、特点、原则和形式，创业的发展历史，创业活动的要素，创业团队、创业机会和计划，创业资源的开发以及创业知识案例和经验等；管理知识主要包括管理者的知识结构和技能、管理思想和理论的演进、管理伦理和社会责任、人力资源管理、激励与领导、沟通与控制、组织文化等；综合知识是发挥社会关系作用的多种专门知识，包括政策、法规、税收、金融、保险、人际关系等。当然，作为大学生或者有创业意向的学生还是最希望能够通过学习掌握最基本的创业相关知识，如创业机会的把握、创业项目的选择、创业经费的筹集、创业政策的了解、创业企划的设计、创业能力的评估等方面。因此，高校无论是开设的通识类创业基础课程还是结合专业类的创业教育课程都应该将学生所需要的创业知识作为普及性目标。

（三）发展性目标

创业教育课程的发展目标主要是培养以创业实践能力为核心的学生创业能力，即创业教育课程体系的个体目标。创业能力是创业成功的必要条件，创业是一种复杂的劳动，在创业实践中，创业能力是影响活动方式、效率和成果的直接因素。创业能力是能力的高级组合，可分为专业能力、方法能力和社会能力。既然是创业教育课程体系的个性目标，对于不同类别、不同基础、不同愿望的学生，创业教育课程体系的目标不应“相同”，而应“因人而异”。专业能力是企业中的主要岗位或工作群所需要的能力，这是创业的前提条件，主要体现在创业过程中担任重要职务的必要能力，接受并了解与企业经营方向相关的新技术能力，将经济、劳动知识和法律法规运用到行业的实际能力；方法能力是创业者在创业过程中所需要的工作方法，这是创业的基本能力，它主要体现在接收和处理信息的能力、抓住市场机会的能力、分析和决策的能力以及联想、迁移和创造的能力；社会能力是创业过程中必备的行为能力，是创业的核心能力，主要体现在人际沟通、企业形象规划、合作、自我约束及适应变化和承受挫折的能力。

三、创业教育课堂生态的形态呈现

（一）复杂多元的要素形态

要实现创业教育的课堂生态离不开相关要素的结构组成，必要的构成要素形成了特定的关系结构。随着高等教育教学改革的深化、结构的转型、供给的调整等，高等教育从外延式的规模增长转变为内涵式的质量提升，而课堂教学质量成为提升人才培养质量的关键。遗憾的是，无论是教育部《关于大力推进高等学校创新创业教育和大学生自主创业工作的意见》，还是国务院《关于深化高等学校创新创业教育改革的实施意见》中都没有对高校创业教育课堂教学提出明确的指导性意见，这也造成了创业教育的“末梢”大打折扣。近年来，随着创业教育教学理论与实践的发展，创业教育课堂中的主体要素更具意识、客体要素更加多样、介体要素更加丰富、环境要素更加复杂、目标要素更具层次等，尤其是信息技术、创客技术等新兴技术的融合，使得创业教育的课堂要素更加趋于整合。一方面，要素自身所具有的性质、地位和角色构建了创业教育课堂生态的基本结构；另一方面，各要素之间的相互组合、彼此融合、有机契合和通力配合实现了课堂生态系统的功能升级。

（二）有序稳定的结构形态

参与创业教育课堂教学的诸要素，通过要素之间的内在关联及要素与内外环境之间联系形成特定的关系链，形成课堂生态系统结构形态的基本样态。创业教育课堂生态系统是高校创业教育系统的子系统，其自身也是由各宏观、中观和微观要素组成的相互渗透、相互交错、动静结合的网络结构。随着生态意识和生态理念在教育领域的觉醒，作为高校人才培养核心单元的“课堂”逐渐呈现出生态化模式，体现在转变传统机械论范式下的思维方式，用生态系统的观点来计划、组织、实施和评价课堂教学，反思和解决课堂教学中的各种问题，其结果是系统内部要素的稳定合理和外部要素的有序多样。根据创业教育课堂要素的不同状态，可分为稳定的结构形式和动态的结构形式。稳定的结构形式是在一定时间内各成分、要素和要素之间以及要素和环境之间的相对稳定有序的关系，如师生关系、管理制度等；动态的结构形式是随着某些要素的改变，如教学目标的升级、教学内容的更新和教学方法的改进等，会促进要素之间的关系链的改变，使各要素处于动态变化中，使课堂生态系统呈现出动态性特征。

（三）丰富多样的组织形态

组织是资源配置的一种机制，目前，组织正从传统的以所有权为基础、以命令和控制为构架的有形形态逐渐向现代的以各种关系为基础、以动态性和适应性为特征的无形形态转变。组织形态是由组织中各要素纵向层次关系及其沟通关系、横向分工及其沟通关系所形成的无形而相对稳定的组织结构，它反映了各要素之间的分工和协作，并反映了一种分工和协作框架。作为一种典型的组织系统，课堂生态系统是由参与课堂教学的主体、客体、介体、环体等要素组成的有机整体，各要素不仅存在着纵向的知识传递的关系，也存在横向的分工合作和信息沟通的关系，纵横交错的要素关系构成了课堂生态系统的组织形态。随着信息技术与课堂教学的深度融合，现代课堂生态系统的组织形态呈现出虚拟型组织、网络型组织、学习型组织和创新型组织等多种形态，旨在培养整个组织的学习氛围，以充分发挥师生的创造性思维能力，通过激发师生之间的频繁对话和交流，从而实现师生之间的知识共享和不断创新。

（四）有机综合的价值形态

价值目标是课堂生态构建的基础，不同价值取向的课堂在目标、内容、方法、评价等方面存在较大差异。当前，以培养学生核心素养和关键能力为核心的指向课堂，强调人的全面发展和终身发展。高校创业教育的课堂生态价值，既表现在对创业教育教学知识的探索与发展价值，也表现在促进学生自身综合素质发展的价值；既表现在对学生进行创业教育教学知识的传授与训练的价值，也表现在对师生创新精神、创新理性和创新思维的培养价值。多层次、多维度的价值形态的有机关联和相互影响，共同构成了课堂生态系统价值形态的整体概貌。一般来说，高校创业教育课堂的价值形态具有整体性、过程性和动态性三个特征，整体性表现为课堂生态的预期目标的实现建立在各层面、各维度目标实现的基础上，缺乏任何层面或层次的目标将限制和影响整个课堂价值目标的实现；过程性表现在课堂价值的实现是一个过程，在这个过程中，各种要素、结构和环境经过了长期的适应，需要各种保障的投入与质量的监控；动态性表现在构成要素的改变、结构的调整、功能的转向都会引起课堂价值形态的变化。

四、创业教育课堂生态的价值追求

（一）创业教育课堂生态追求个体生命的整体发展

课堂是学生精神养成、知识学习、行为塑造的“主战场”，任何课堂教学的改革都必须以促进学生的健康成长为宗旨和目标。创业教育的本质目标是促进大学生成为“完整的人”，即促进学生全面和谐的发展。创业教育的课堂不同于常规的专业教学课堂，即创业教育的课堂除了向学生传授有关创业的专业知识外，更注重学生创新精神的养成、创业意识的激发和创业者素质的培养。创业教育的课堂生态不同于传统机械论范式下的传统课堂，即在课堂教学中学生不再是等待改造机器和被动接受知识的容器，而是课堂生态场中的具有思想意识、丰富情感、兴趣爱好的生命个体，创业教育课堂生态要更加关注学生的生命存在、生活体验和成长需求，促进学生生命的整体发展。既然是造就“完整的人”，就必须充分发挥学生的自主性。受传统机械论和工具主义思维的影响，我们只关注学生在课堂教学中对教师和环境的依存性，而忽视了其“现实的人”的本质属性和作为生命个体的自主性。创业教育的课堂生态要尽量创造条件，彻底解放学生的大脑和双手，让学生在学习活动中自主发展。

（二）创业教育课堂生态追求师生合作的互利共生

共生最早描述的是生物现象，“在生态学中，共生指两个不同有机体之间有益的至少是无害的相互关系”。“在现代，透过生物共生现象，人们认识到共生是人类之间、自然之间以及人与自然之间形成的一种相互依存、和谐、统一的命运关系。”在传统机械论范式下，课堂成为教师“独角戏”的舞台，学生成为很少挑剔的观众。按照生态学中的共生理论，创业教育课堂中教师与学生是一种相互依存的共生关系，这种关系比其他的专业课程的课堂更为紧密。因为创业教育课程的实践属性，要求在课堂中必须充分开展师生的合作，形成发展共同体，学生和教师在共同的实践过程中互利共生。课堂不再是教师一个人的独白，而成为师生对话、交流、合作的平台。创业教育课堂生态要改变传统课堂的“偏利共生”现象，即过分强调教师的单向付出、奉献和牺牲。在互利共生的课堂中，不仅学生通过主动学习获得了综合的发展，教师也在教学过程中，通过与学生的合作与交流，获得新的灵感和智慧，丰富对已有知识的理解与应用，获得情感的调适，进而促进创业教育教师的自我专业发展。

（三）创业教育课堂生态追求多维互动的有效关联

根据生态学的基本观点，生态系统中的各种要素是普遍联系、相互依存和相互作用的，使生态系统成为一个相互联系的有机整体，这也是生态系统的一个基本特征。与自然生态系统相似，课堂生态系统也是具有整体和关联的特征。这种关联既包括课堂生态系统内部各要素之间的普遍联系，如教育主体教师与学生之间的联系、教育主体与教育环境之间的联系、教育主体与教育内容之间的联系、不同学科内容之间的联系、教育内容与教育媒介之间的联系等。也包括课堂生态系统与外部社会生活的紧密联系，尤其是对于时代性和时效性非常强的创业教育，课堂教育内容、方式方法与经济社会和产业发展的现状与未来有着密切的联系，必须随着经济社会的发展变化而与时俱进。同时，课堂作为高校创业教育生态系统的组成部分，它与系统中的其他要素如目标、政策、环境、课程等都存在深度关联。“关联逻辑以有机的关联方式挑战学校机械的教育方式。”创业教育课堂生态意味着观点和思维的转变，就是把参与其中的各种要素作为一种关系性存在，充分关注和利用多元、多级、多向、多层次和多维度互动关系。

（四）创业教育课堂生态追求充分开放的动态生成

布鲁姆提出：“人们无法预料到教学所产生的全部范围。”叶澜教授提出：“课堂应是向未知方向挺进的旅程，并随时都有可能发现意外的通道和美丽的图景，而不是一切都必须遵循固定线路而没有激情的行程。”传统的机械论范式认为课堂是静态、封闭的实体，课堂教学是按照教师预先设计的轨迹开展的，教师在具体课程实施过程中通常要采取各种控制性措施以保证课堂的“预设性”进程。课堂生态就是要实现课堂教学的预设性向生成性的转变，课堂教学的动态生成既源于相关学科知识的发展与丰富，更源于各教育主体的能动性和创造性。在创业教育课堂生态构建过程中，随着创业学科的发展与完善，教育学、心理学、管理学等相关支持学科理论的不断创新，创业教育课堂教学的知识与内容呈现出动态生成的特点。同时，面对创业教育课堂的不同教育对象，其知识准备、兴趣爱好、生活经历和性格情感等方面存在差异，这也为创业教育教学资源的形成提供了丰富的来源，这就要求创业教育教师在课程准备和实施过程中既要精心预设，为学生创设宽松的心理环境和空间，又要善于捕捉课堂中的“意外”，将之转化为课堂有效的教学资源。

（五）创业教育课堂生态追求轻负高质的高能高效

生态本身意味着低碳环保、和谐健康、绿色文明和低耗高能。创业教育课堂生态蕴含着师生在创业教育课堂教学过程中的轻松愉快、和谐健康。生态最终要实现课堂的“轻负高效”，高效课堂是以最小的教学和学习投入获得最大学习效益的课堂，基本特征是“自主建构，互动激发，高效生成，愉悦共享”。当然，传统机械论范式下的课堂也是追求高效的，但是那样的高效更侧重于对单纯知识数量的追求和高负荷的付出与运转，导致课堂中教师与学生之间关系的淡漠与疏远，教学过程的程式化与程序化，教学氛围的枯燥，大量时间精力的投入最终换来的是教师辛苦和学生痛苦。创业教育课堂生态注重帮助学生以适合自己的方式对知识进行主动建构，注重在课堂教学过程中的师生主体的互动互益，注重教学氛围的愉悦共享，最终实现教学效果的高效生成。当然，创业教育课堂生态不是简单追求表现上的轻松愉快，也不是教学内容的越少越好，教学投入的越低越好，而是要将生态的思维、方法和智慧渗透到创业教育课堂教学的教学设计、教学实施和教学评价的全过程中，实现高效能、高效益和高品质的统一。

第三章　创新创业教育生态系统综合评价指标体系构建

第一节　综合评价指标体系的构建思路

一、基于因素群法收集指标

因素群方法是收集概念相关指标的一种方法，通过文献和研究对象基本特点，对于研究对象相关的指标进行罗列收集。在收集指标的过程中，利用万方数据库、中国知网等数据库，检索包括“创新创业教育”“教育评价”“创新创业教育生态系统”“创新创业教育评价指标”等相关主题的中英文文献，最终收集与创新创业教育评价相关的指标。

二、基于理论分析法确定框架

运用多种理论方法构建综合评价指标体系的基本框架，具体包括：运用生态位态势理论确定评价指标体系的总原则，即“态”因子和“势”因子两个方面对指标体系进行分类构建；运用生态学理论，将指标体系分为生产者指标、消费者指标、分解者指标和非生物环境指标，按照其功能进行划分；运用内涵分析法分析各类指标的内涵和本质，对指标按照类别进行分类。

三、基于德尔菲法确定指标体系

德尔菲法在 20 世纪 40 年代被提出，后经咨询公司研究推广而形成。德尔菲法是一种群体决策的方法，在实际运用中较为成熟，具有匿名性和科学性。

（一）遴选咨询专家

德尔菲法成败的关键是遴选函询专家，遴选一般遵循以下原则：遴选要有一定的目标性，避免随机选择带来误差；拟咨询的专家应有 10 年以上相关工作经历；专家人数控制在

15～50 人。遴选标准包括：①硕士及以上文化程度；②讲师或者以上职称；③10 年及以上高校创新创业管理或研究工作经历；④主要从事高校创新创业教育管理和研究相关工作；⑤自愿参与研究。

（二）编制专家咨询函

根据先前因素群法、理论分析法的研究成果，提出高校创新创业教育生态系统评价指标体系的初步结构及模型，按照结构及模型的内容编制《高校创新创业教育生态系统评价指标体系咨询问卷》，咨询问卷有三个部分：一是专家个人基本资料，二是高校创新创业教育评价指标重要性评价表，三是专家自评表。

（三）开展专家咨询相关工作

通过线上线下两种方式发放专家咨询函。指标的筛选标准为评价赋值均数≥6.00、变异系数≤25.00%。2019 年 12 月—2020 年 1 月开展了第一轮专家咨询，根据专家反馈意见，对构建的评价指标体系进行增删，并编制第二轮专家咨询函。2020 年 2 月—2020 年 3 月开展了第二轮专家咨询，并将上一轮咨询结果进行反馈，并再一次进行评分，第二轮专家咨询结果比较理想，专家意见较为一致，停止函询。

第二节　综合评价指标体系的初步构建

一、基于生态位态势理论的准则层构建

准则层是评价指标体系中居于指导地位的指标，按照指标层的分类思维，可以将各指标合理分类，决定了整个指标体系的结构。生态位态势理论强调任何生物单元都有“态”和“势”两个方面的内容，所以，高校创新创业教育生态系统也可以从“态”和“势”两个方面去开展评价研究，也就是从高校创新创业教育生态系统前期的发展结果和未来的发展潜力两个方面展开评价，这样有利于充分挖掘“隐性”指标，使评价指标体系更具有科学性、全面性。因此，高校创新创业教育生态系统评价指标体系的准则层为“态因子”和“势因子”。

二、基于生态学理论的一级指标构建

按照准则层指标确定的“态因子”和“势因子”的基本要求，对一级指标进行探索研究。高校创新创业教育生态系统的概念是借鉴自然生态系统的概念划分的，在自然生态系统中各主要生物成分和环境要素是不尽相同的，同时不同生物成分在系统中扮演着不同的角色，一般按照生产者、消费者、分解者和非生物环境划分。在经济社会发展的过程中，各种能量和信息传递也在不断进行，同样创新创业教育生态系统运行规律也符合生态系统的特征。高校等作为系统内的能量产出机构，产出人才、技术、服务等产品；外部企业等作为消费者吸收生产者的产出，提升自身发展水平；技术转移中介等机构作为分解者帮助生产者和消费者之间传递资源；同时生态系统所处的地区环境构成了系统的非生物环境。按照准则层确定的原则，最终确定一级指标为生产者态因子、消费者态因子、分解者态因子、生产者势因子、消费者势因子、分解者势因子和非生物环境等七个指标。

三、基于内涵分析法的二级指标、三级指标构建

按照因素群法，对高校创新创业教育各类文献中出现的各类指标进行收集，累计共收集152 个指标。在此基础上，运用内涵分析法对指标的本质属性、外观表现进行分析，按照准则层指标及一级指标确定的基本框架和原则，将收集到的 152 个指标进行合并、简化、分类处理，最终共筛出59 个指标作为三级指标、17 个指标作为二级指标。具体分析如下：通过查阅高校创新创业教育有关的文献资料，总结各种观点建议，并结合一级指标的内容要求，从中选取高校创新创业教育生态系统评价的二级指标，其中包括学生态因子、师资态因子、课程态因子、孵化机构态因子、各类市场主体态因子、技术转移机构态因子、产业联络机构态因子、学生势因子、师资势因子、课程势因子、孵化机构势因子、各类市场主体势因子、技术转移机构势因子、产业联络机构势因子、经济环境、社会环境、政策环境等17 个二级指标。学生种群评价指标具有一定的宏观性，超越当前高校的一些具体政策性举措，从高校创新创业教育的实际效果、发展潜力进行分析探讨。

（一）生产者的态因子和势因子

高校创业教育生态系统也具有相应的生产者种群，其功能是产生具有经济社会价值的有形和无形产品，其主要有学生、师资、课程和孵化机构。

学生是高校创新创业教育生态系统生产者种群的一类种群，其主要功能是学习和吸收

创新创业知识，产生价值，同时提高自身素质为社会提供高素质创新创业人才。我们从“态”因子和“势”因子两个方面的内容开展探讨分析，学生态因子体现了高校学生参与创新创业活动取得的成果，主要包括参与人数、学生创立企业数量、创业成功率、带动就业率、创新成果增加率等五个指标，能全面反映学生种群的现状。学生势因子直接体现了学生种群未来发展趋势，包括创新创业意识、创新创业能力、创新创业心理品质、创新创业知识等四个指标，这四个指标能够体现出学生种群在未来创新创业活动中的发展潜力。

师资同样也是系统生产者种群的一类种群，其主要职能是帮助学生种群增长知识、启迪创新创业想法、指导其开展创新创业活动。因此，师资力量的规模和质量影响着学生种群的创新创业产出，其包含“态”因子和“势”因子。师资态因子体现了高校内部从事创新创业教育活动的师资现状，包括创业教育教学团队规模、校内专职教师比例、校内兼职教师比例、校外教师比例等四个指标，除了考虑教师团队规模外，还对不同类型的教师进行了区分，体现了不同类型教师对于创新效果会产生不同的影响。师资势因子直接体现了师资种群未来发展趋势，包括规模增长率、学习能力、实践能力、创新能力等四个指标，这四个指标能够体现出未来师资数量的增长情况以及师资质量的增长潜力，其中师资基本素质能力既影响学生种群的增长和发展，也影响着自身种群的发展。

课程是系统生产者种群的一类种群，是学生种群和师资种群的中间种群，其主要职能是传递师资种群的知识和创新创业想法给学生种群，其结构的合理性和覆盖率影响着传递效能，也就影响着学生创新创业的效果，其包含“态”因子和“势”因子。课程态因子体现了目前创新创业课程的基本现状，包括创新创业类课程开设数量、课程受欢迎程度、实践教学课程的比例、创新创业课程的覆盖率、跨学科课程开出率等五个指标，实践教学课程的比例能够影响学生实践能力的发展，跨学科课程开出率影响着学生的知识结构。课程势因子主要影响着课程种群的发展潜力，主要有教学环境和课程开发能力这两个指标，教学环境既影响课程对学生的覆盖率也影响着教学效果的提升，课程开发能力影响着未来课程的结构和丰富程度。

孵化机构也是系统生产者种群的一类种群，顾名思义其主要职能是孵化，有创新创业意向的学生通过申请可以进入孵化机构进行孵化，通过各种条件支持帮助其实现创新创业的理想，孵化机构包含“态”因子和“势”因子。孵化机构态因子体现了孵化机构目前的发展现状，包含孵化机构数、在孵企业数、在孵企业总收入、在孵企业融资量、当年毕业企业数量等五个指标，代表了孵化机构的孵化水平和能力。孵化器势因子体现了孵化机构未来的发展潜力，包括服务能力、融资能力、获取财政支持的能力等三个指标，指标能够展现未来孵化机构提升孵化效果的能力。

（二）消费者的态因子和势因子

高校创新创业教育生态系统内的消费者种群一般为投资人、企业等，我们可以统称为各类市场主体。它们消化吸收生产者的成果，努力获取知识与技术，对系统的物质循环、能量流动与信息交换具有重要作用。因为将各类消费者种群统称为各类市场主体，所以，消费者的态因子和势因子下级指标就是各类市场主体态因子和势因子。

各类市场主体态因子主要是表现参与创新创业教育活动的市场主体的现状，也就是他们对于生产者种群产生的知识、技术、服务和人才等要素的消费状况，因此各类市场主体态因子主要包括各类市场主体的数量、市场主体合作量、创业科研成果吸收率、创业人才吸纳数、服务的购买量等五个指标，这五个指标体现了各类市场主体种群的发展规模和对科研成果、人才、服务的吸收量。各类市场主体势因子代表了参与创新创业教育活动的未来发展潜力，其发展潜力主要受到其消费的创新成果、服务、人才等要素的质量影响，其消费的要素质量越高、给其带来的效益越大，则各类市场主体的消费力度就会越大，之前未参与到系统循环中的市场主体也会被吸引进来，进而提升消费者种群的规模。因此，各类市场主体势因子主要包括创业科研成果产生的效益、所吸纳人才的质量、所购买服务的质量等三个指标。

（三）分解者的态因子和势因子

分解者种群是处于生产者种群和消费者种群之间的中间种群，协助生产者和消费者的能量交换。技术转移和产业联络机构构成了系统的分解者种群，促进了生产者与消费者之间沟通与联系，实现对成果活动的分解，加强生产者和消费者之间的信息流动。

分解者也具有“态”和“势”两个方面的因子。分解者态因子主要体现了目前技术转移和产业联络机构的发展状态，生产者种群通过技术转移、产业联络机构传递给消费者种群的要素包括创新成果、人才和服务等方面的任务；消费者种群通过技术转移和产业联络机构传递给生产者种群的要素主要是资金。需要说明的是，并非所有的创新成果、人才、服务和资金都经过分解进行传递，许多传递都是直接发生在生产者种群和消费者种群之间的，因此，衡量和产业联络机构态因子的要素包括：机构数量、技术转移市场规模和转移科研成果的数量（技术转移机构态因子）；机构数量、推荐创业人才的数量、推荐服务购买的数量吸引外部资金量（产业联络机构态因子）等指标。分解者态因子主要体现了未来技术转移和产业联络机构的发展潜力，其主要包括开展合作的市场主体数量、所推荐科研成果的质量、所推荐创业人才的质量、所推荐服务的质量、吸引资金产生的效益等五个指标，其中开展合作的市场主体数量代表着未来开展合作的潜力，通过其进行传递的服务、人才、科研成果的质量和资金效益反映了未来开展合作的数量增长趋势，即质量越高、效益越好则合作数量将显著增加。

（四）非生物环境

非生物环境是生态系统的宏观影响因素，在自然生态系统中，阳光、温度、气候等因素构成了生态系统的非生物环境并为其提供支持。高校创新创业教育生态系统也是在一定非生物环境下运行的，一般来说其非生物环境包括经济环境、社会环境、政策环境，它们提供了有效的外部支持与内驱力。需要说明的是，非生物环境不是生态系统的具体生物成分，因此，一般不能直接表征生态系统的运行现状，生物环境的好坏影响着高校创业教育生态系统未来的发展潜力，其本身属于系统的宏观势因子。具体来看，可以分为经济环境、社会环境、政策环境三种类型的非生物环境。经济环境代表着高校所处区域目前的经济状况，包含地区经济总量、地区企业数量、地区人均收入水平等三个指标，经济总量代表着区域经济状态，企业数量代表着地区商业活动的活跃度，人均收入水平代表着地区消费潜力；社会环境代表着高校所处区域的社会状况，其主要包括地区创业人文氛围、地区地理环境、地区基础设施环境等三个要素，人文氛围影响着高校学生的创新创业意愿，地理和设施环境影响着创业行为的物质条件；政策环境代表着所在地政府对于创业的扶持力度，主要包括地区创业便利化程度、地区创业基础设施质量、地区创业资助力度等三个方面指标，其对学生创新创业行为能起到最直接的影响，政策力度更大的地区对于学生创新创业行为的促进也就更加明显。

第四章　高校创新创业教育生态系统运行机制

第一节　以知识创新服务为本质特征的动力机制

一、概述

在“大众创业、万众创新”的背景下，大学生是创新创业的主力军和生力军。各地越来越多的高校建立众创空间服务学生创新创业。高校众创空间入驻学生创业团队和企业竞争力不强，增强学生创业团队和企业的竞争力是高校众创空间的核心目标。信息化的知识经济时代，知识价值的重要性被无限放大，利用高校众创空间内外部的知识资源，实现知识创新，形成创业内源性动力，提升高校众创空间创业服务能力，增强学生创业团队竞争力。基于知识网络视角，形成“知识网络动力（网络形成机制）—知识创新机制（知识创新场）—众创空间知识创新服务能力提升目标”的逻辑分析框架，通过探讨高校众创空间知识网络特征和模型及其知识创新机制，分别从文化机制、关系机制、契约机制、系统保障机制等方面构建了“四位一体”的高校众创空间知识创新服务能力提升机制。

二、相关概念

（一）知识网络

知识网络是合作伙伴之间互动进行价值创造和交换的社会网络系统。相对于波特价值链理论强调企业以客户价值为导向的竞争思维，价值网络更强调网络主体之间价值共享的合作关系。我们认为知识网络是网络主体以知识创造与分享为导向的知识互动和交换系统。

（二）知识创新

关于价值共创的内涵，张培等在梳理已有文献研究的基础上，从共创主体、共创过程和共创资源三个维度对价值共创的概念进行定义：价值共创是企业和顾客通过整合自身和其他利益相关者提供的资源，并通过积极互动实现双方无法单独完成的互惠性价值目标。为了增强竞争力，企业需要发挥网络的外部效应，通过价值网络各合作伙伴间关键能力的互补来共同创造价值。在综合价值网络和价值共创有关概念研究的基础上，知识创新的定义为：知识创新是知识网络的构成主体以客户价值为导向、通过整合自身和利益相关者的有效知识资源、实现互惠性知识价值创造为目标的互动过程。

（三）服务能力

在信息化的知识经济时代，服务能力的本质在于服务主体通过知识创新形成自身独特的服务文化理念，动态补充所需要的有关服务对象、服务管理、行业发展等方面的差异化和专业化知识，进而实现服务、质量和效率提升的综合能力。

三、高校众创空间知识网络特征和模型

高校众创空间核心竞争力在于能够为入驻空间的学生创业团队和企业提供促进其孵化成长的综合服务，实现其价值提升和竞争力增强的目标，本质在于构建促进其知识创新的知识网络系统。

（一）特征分析

1.主体多元化

高校众创空间以学生创业团队和企业为服务对象，通过众创空间服务部门提供创业教育培训、创业咨询服务、创业融资担保、空间管理制度等服务。为更好实现空间的服务目标，高校众创空间需要整合政府机构、科研机构、中介机构、金融机构、风险投资机构等知识资源，同时，随着移动互联设备的普及和移动 App 的涌现，利用虚拟社区（专业网站、微信、微博、QQ 等）进行知识共享的现象更为广泛，虚拟社区以其方便性、快捷性等优势成为人们交流信息、共享知识的新型平台。因而，高校众创空间知识网络的构成主体具有多元化特征，不仅包括学生创业团队和企业等内部主体，还包括政府机构、科研机构、中介机构等外部支撑主体以及专业网站、微信、微博、QQ 等虚拟主体。

2.边界虚拟化

高校众创空间知识网络除了内部创业团队和企业之间在工作空间构成的物理边界外，

更重要的特征体现在虚拟化合作关系，包括虚拟社区、众创联盟、移动终端等形式。

3.知识冗余化

知识冗余是一种过量的、能任意使用的知识资源。从网络角度看，知识冗余是创新网络中创新节点之间知识资源的重复。知识资源相似导致的知识网络知识冗余化是网络扩展的必然结果，而知识网络虚拟主体的存在极大地强化了知识冗余化的特征。知识冗余导致网络节点之间知识异质性降低，进而削弱了网络主体的价值创新质量和效率。

（二）模型构建

高校众创空间知识网络模型的构成要素如下：①高校众创空间知识网络内部主体：学生创业团队、学生创业企业；②高校众创空间服务平台；③高校众创空间知识网络外部支撑主体：政府机构、科研机构、中介机构、金融机构、风险投资机构；④虚拟主体：专业网站、知识论坛、交流社区、微信群、QQ 群、众创联盟群等；⑤网络规则：知识产权保护法律、信息安全法律、网络管理法律、创新创业扶持政策（融资、税收、创业补助等）、空间管理制度、高校扶持政策、知识创新文化（价值导向）、伦理道德。

1.描述高校众创空间知识网络主体关系

高校众创空间知识网络内部主体由学生创业团队和企业构成，这一层面的主体居于网络结构的中心位置，是高校众创空间服务的对象。高校众创空间服务平台是知识网络物理空间的服务和管理载体，承担着创业教育、路演组织、融资服务、创业沙龙、法律服务、管理制度等服务功能，在知识创新过程中处于支持和服务地位。高校众创空间知识网络外部支撑主体包括政府机构、科研机构、中介机构、金融机构、风险投资机构等，这些外部支撑主体是知识创新的重要环境变量。知识网络虚拟主体是信息化时代知识网络中创新知识的重要来源，同时也是冗余知识产生的主要途径，因而，虚拟主体在知识网络中对知识创新具有双向影响。这些知识网络主体共同构成高校众创空间知识创新的网络节点，通过知识创新共同促进高校众创空间服务能力的提升。

2.制定高校众创空间知识网络规则

高校众创空间知识网络规则能有效规范网络主体进行知识创新活动。从层次上，网络规则可以划分为内部规则和外部规则。内部规则包括高校众创空间管理制度、高校创业扶持政策、文化价值导向、伦理道德。内部规则在知识网络中，对网络内部主体具有创业教育培训、创业引导、创业规范、创业支持、创业孵化管理等服务功能，在知识创新过程中具有直接效应。外部规则有知识产权保护法律、信息安全法律、网络管理法律、政府创新创业扶持政策等，这一层面的规则对高校众创空间知识网络内部主体、外部主体和虚拟主体均具有约束和规范作用，同时，对知识创新活动既有直接效应，也有间接效应。

3.明确高校众创空间知识网络目标

学生创业团队和企业作为网络内部主体，通过知识网络互动实现知识创新，提高自身竞争力，因而知识创新既是实现途径，也是需要达成的目标。高校众创空间服务平台作为知识网络的参与主体，既承载着高校的创业教育使命，也担负着服务学生创业孵化的责任，既有公益性的属性，也有市场化的目标，实现知识创新目标，既可以为在孵学生团队和企业提供高水平服务，也可以为后续入驻学生创业团队的知识创新进行可持续性的积累。政府机构、中介机构、金融机构、风险投资机构等外部支撑主体作为知识网络的重要支撑主体，是知识创新的环境变量。政府部门通过创业法规和政策方式对高校众创空间学生创业进行规范，短期内实现以创业带动就业目标，长期可以实现优化经济结构的目标，因而具有公益性和经济性目标。科研机构通过知识网络搜寻合适的合作交易伙伴，实现科技成果转化价值最大化的目标。中介机构作为科研、融资、风投、路演等活动的桥梁，短期目标在于为实现成功合作收取佣金，长期目标在于形成以自身为中心节点的知识网络，形成合作伙伴的路径依赖，获取长期的渠道租金。金融机构和风险投资机构通过高校众创空间知识网络，寻找具有投资潜力的创业企业，实现金融资本的效益最大化目标。专业网站、微信、微博、QQ、众创联盟群等知识网络虚拟主体在互联网经济时代的目标策略在于获得更高效的关注度，核心在于获得规模流量，实现网络经济效益目标。可以看出，高校众创空间知识网络各参与主体的具体目标存在差异，但其共同目标在于实现知识创新。

四、基于知识网络的高校众创空间知识创新机制

我们从高校众创空间知识创新的目标出发，构建“知识网络形成动力—知识创新过程机制—知识创新目标”的高校众创空间知识创新机制模型。

（一）高校众创空间知识创新的动力因素

1.学生创业兴趣

学生创业团队和企业入驻高校众创空间是源于学生的创业兴趣和热情，同时，作为高校众创空间知识网络的内部主体，学生的兴趣和热情也是高校众创空间知识网络形成的根本动力。创业过程伴随着知识创新过程而交互影响、螺旋上升。在知识创新过程中，个体知识存量不足或局限，为最大限度地增加知识流量，个体通常通过寻求内外部的合作完成创新过程，这一过程是知识网络形成的根本动力。

2.行业技术推动力

熊彼特就创新动力的技术推动模式进行了理论分析。创新的本质是知识创新，行业技术推动力是个人或组织倾向于寻求合作而形成知识网络进行知识创新的重要外部影响因素。

3.市场需求拉动力

Schmookle 认为是市场需求推动技术创新。随着个性化市场需求和互联网经济的兴起，创业企业实现竞争优势的关键途径在于满足市场需求的创新能力，而创新能力的提升取决于个人或组织整合知识网络中知识资源的意识和效率。市场需求必然成为创业企业构建知识网络的外在拉动力。

4.知识黏滞性

知识黏滞性也称为知识黏性，是指知识或信息需求方应用单位知识或信息需要付出的成本或难度属性。Reagans 等认为组织关系网络及其信任属性能够消除知识黏滞性，提升知识共享的价值。通过建立知识网络，形成知识创新的信任机制，降低知识黏滞性是实现知识创新的必要途径。削弱知识黏滞性是学生创业团队构建知识网络的重要动因。

（二）高校众创空间知识创新过程机制

高校众创空间知识创新主体包括内部主体、众创空间服务平台、外部支撑主体和虚拟主体，这些主体依托众创空间和虚拟社区形成了知识创新环境场。知识划分为显性知识和隐性知识，基于 Nonaka 提出的知识创造 SECI 模型以及 Nonaka 等将知识创造环境场分成四类，对高校众创空间知识创新过程机制进行分析。

知识黏滞性是知识创新过程中不可回避的因素，极大地增加知识创新成本，降低价值共创效率。知识黏滞性的影响因素主要有：知识本身的特征、知识转移者的特征、知识接收者的特征及知识转移双方的关系等。在知识本身属性固定、知识接收方能力短期难以改进的前提下，知识转移者发送意愿和知识转移双方的关系就成为知识黏滞性的重要影响因素，而知识转移意愿更多取决于转移双方的关系。因而，削弱知识黏滞性的主要方式是构建以信任为核心的关系机制作为主导，以激励为目标的契约机制作为辅助的模式。

由于存在知识冗余化的现象，知识创新主体为了提高创新的质量和效率，首先会对知识互动物理场和虚拟场中存在的冗余知识进行过滤，保持异质性知识的供应比例增加，这是实现高质量知识创造的基础。在获取异质性知识后，知识创新主体在知识场遵循 SECI 模型机制实现知识创造，最终形成主体间的知识创新。知识创新可以实现网络主体新知识的创造，同时，也可以借助新知识的融入，有效协同主体已有知识存量，激活存量知识，使之产生新的价值。

（三）高校众创空间知识创新目标分析

我们以高校众创空间及其入驻的学生创业团队和企业为主要研究对象，因而，此处分析知识创新目标时，仅对高校众创空间及学生创业团队和企业的知识创新目标进行分析。

知识创新主体参与知识网络的根本目标在于通过知识创造实现自身能力的提升，以适应不确定性环境带来的挑战。高校众创空间作为学生创业的服务平台，承担着学生创业教育和实践以及支撑学生创业活动可持续开展的使命与目标，其自身创业孵化服务能力的高低直接影响着学生创业团队和企业的市场竞争能力。因而，高校众创空间作为知识创新的服务主体，通过知识网络内外主体的知识共享，积极参与知识创新，主动改进管理方式和服务水平，实现空间创业服务能力的有效提升，进而促进学生创业团队和企业的竞争力增强，这是高校众创空间知识创新的根本目标。学生创业团队和企业作为知识创新的内部主体，也是市场和行业竞争的参与主体，创新是其赢得竞争的唯一途径。创新的本质是知识创新，因而，依托高校众创空间知识网络实现与其他参与主体的知识创新，进而增强竞争能力成为其核心目标。

（四）高校众创空间知识创新服务能力提升机制研究

高校众创空间知识网络中，存在着阻碍空间知识创新服务能力提升的影响因素，如文化氛围缺乏、知识共享意愿不足、知识黏滞性、道德风险和管理机制不完善等问题。为有效促进高校众创空间服务能力的提升，构建了文化机制、关系机制、契约机制、系统保障机制“四位一体”的高校众创空间知识创新服务能力提升机制体系。其中，文化机制是高校众创空间知识创新的基础，也是关系机制和契约机制的支撑因素；关系机制能有效降低知识创新成本和知识黏滞性，具有凝聚力；契约机制能有效降低知识创新中的道德风险问题，与关系机制形成互补效应；系统保障机制是文化机制、关系机制和契约机制有效运行的保证，具有保障和服务功能。这些机制协同运行，构成机制体系共同促进高校众创空间服务能力提升的良性循环。

1.以创新为目标的文化机制

组织文化是影响知识创新交流的环境氛围。文化机制是以价值导向为核心的包括声誉机制、品牌机制、精神品格、行为方式等在内的综合制度设计与安排。涵盖物理空间和虚拟空间的高校众创空间要实现知识创新，应该构建具有使命意识的声誉机制、开放创新的品牌机制、宽容失败的精神品格、鼓励分享的行为方式等为价值导向的文化机制，为知识创新营造适宜的文化氛围。文化机制也是关系机制和契约机制的基础，具有支撑作用。

2.以信任为核心的关系机制

关系治理注重相互信任在知识网络治理过程中的角色。在知识网络中，主体之间的信任程度影响投入知识创新的知识专用性和频率。主体之间的频繁沟通有助于减少机会主义行为，进而形成主体间的相互导向，这种相互导向关系能够降低知识创新活动中的成本。高信任水平的关系有助于降低知识黏滞性，促进合作伙伴的知识共享，尤其是隐性知识的共享。高校众创空间设计以信任为核心的关系机制，主张共同营造信任的知识创新氛围，并持续提高信任水平，实现高校众创空间知识创新目标。

3.以激励为基础的契约机制

基于契约的治理方式主张使用正式、具有法律约束力的契约来规范合作伙伴关系。在信息不对称情况下，基于激励的契约机制能够有效降低知识网络合作中的逆向选择和道德风险问题。相对于关系机制，契约机制更有助于显性知识的共享。契约机制互补于关系与信任机制，通过组合正式契约与关系机制，可更有效地获取知识。高校众创空间在设计契约机制时，应该以文化机制为依托，与关系机制形成互补，以正式规范文件的方式，激励知识网络合作主体进行知识产权、技术专利等显性知识的转移和共享。

4.以服务为目标的系统保障机制

高校众创空间作为支撑学生创新创业的综合服务平台，在知识创新活动过程中，服务能力和水平是其核心功能。因而，为保证文化机制、关系机制和契约机制的有效运行，高校众创空间需要建立以服务机构为基础、资源保障为前提、制度保障为关键的服务能力提升的系统保障机制。服务机构应该以专业的管理人员为主设立；资源保障包括资金、设施等有形资源，也包括关系、宣传等无形资源；制度保障是服务机构和资源保障得以落实的关键所在。

科学有效的机制是高校众创空间知识创新服务能力提升的基础。本节基于知识网络理论探讨了高校众创空间知识网络特征和知识创新过程机制，针对高校众创空间知识创新服务能力提升存在的问题，建立了高校众创空间服务能力提升机制体系。当然，高校众创空间服务能力提升机制体系具有动态性和历史性特征，针对研究对象的不同和内外环境的变换，需要对高校众创空间服务能力提升机制体系做进一步的改进研究。

第二节　以创业教育服务为根本特征的内涵机制

一、概述

2016 年 2 月，国务院办公厅的《关于加快众创空间发展服务实体经济转型升级的指导意见》（国办发〔2016〕7 号）提出，“鼓励科研院所、高校围绕优势专业领域建设众创空间”。2016 年 6 月，河南省教育厅的《关于加快推进高等学校众创空间建设的通知》（教科技〔2016〕455 号）提出，“主要建设目标是，到 2020 年全省所有高校都能依据经济社会发展的需求，结合高校自身实际建设 1 个以上的众创空间”。高校众创空间的实践功能契合了高校进行转型发展的要求，为传统创业教育的困境提供了解决问题的思路。研究高校众创空间与创业教育服务的关系具有重要的现实意义。

高校众创空间与创业教育服务关系的研究文献鲜有发现。李瑞军等提出高校应当将创业教育融入校内外的“众创空间”建设之中，有效拓展创业教育的深度和广度。王占仁等认为众创空间是高校创新创业教育的重要阵地和有力补充。李双寿等以清华大学 Center 众创空间为例，介绍了高校众创空间提升创新创业教学实践的过程和情况。已有文献多以定性研究为主，并没有就高校众创空间如何影响创业教育的内在机制进行实证分析。我们以“P（平台）–C（能力）–P（绩效）”为逻辑主线的分析框架，把高校众创空间与创业教育服务绩效关系作为研究对象，以创业学习能力作为中介变量，创业自我效能感作为调节变量，对概念模型进行实证研究，试图揭示高校众创空间影响创业教育服务绩效过程机制的“黑箱”，为高校众创空间创业教育服务作用的充分发挥提供决策参考。

二、理论分析与研究假设

关于高校众创空间的功能定位还没有形成共识。刘志迎等认为众创空间是一种低成本、便利化、全要素、开放式的新型创业服务平台的统称。陈巧玲和王佑镁等认为众创空间不仅是创业者创新创业分享与创造的空间，还构建了一种融创业培训、投融资对接、商业模式构建、政策扶持申请、工商税务注册、法律财务、媒体资讯等全方位创业服务的生态体系。这种众创空间也可以用于大学的创新创业教育服务。2015 年 3 月，国务院办公厅发布了《关于发展众创空间推进大众创新创业的指导意见》，提出支持创新创业公共服务，强化创业辅导，培育企业家精神，营造创新创业文化氛围。关于高校众创空间在创业教育服务方面的功能定位，北大创业训练营旨在推动创新思维教育和创业经验分享，提供创业教育、创业研究、创业孵化、投资基金四位一体的创业教育服务。北京工业大学大学生创业园为大学生提供创新创业指导、创新创业培训和项目孵化。河南省黄河科技学院国家级众创空间“黄河众创”定位，是海内外大学生创新创业的公共服务平台、创新创业教育平台、科研技术平台、创业基金投资平台、线上线下相结合的交互平台。天津工业大学创客空间旨在为大学生创业者提供创业实训、创业孵化、创业指导、创业服务。创业型高校需要具备创业的文化理念，所有在校的教学和办公人员都需要有创业的意识与心态。综上所述，基于高校众创空间的发展特征和研究实际需要，我们把高校众创空间的创业教育服务功能从创业教育培训、创业教育综合服务、创业教育文化氛围这三个维度进行界定。

关于创业教育服务绩效的研究成果，李双寿等认为清华大学 Center 重点在于培养学生承担项目任务的独立意识、以目标为导向的契约精神及其对自身负责的企业家精神。美国社区学院创业教育目标在于提升学生的创新创业素质和能力。关于创业教育服务绩效的评价，美国社区学院从个人层面的创业知识、技巧及创业意识、创业心态等方面进行评价；从结构层面对学生初创企业数等方面进行评价。关于创业教育服务对创业行为的影响，美国的创业行为发生率远高于其他所有国家的均值，意味着创业教育对创业行为的发生有直接的影响。创业教育绩效更多体现在结果性指标上，如创业素质的提升、创业行为的发生等。在综合已有研究文献的基础上，我们对创业教育服务绩效的界定，从创业素质和创业行为这两个维度进行。

（一）高校众创空间与创业教育服务绩效的关系

高校众创空间提供的创业教育培训、创业教育综合服务及形成的创业教育文化氛围对于提升学生创业素质、进而支持学生创办企业有重要影响。高校中的创业服务平台，通过创业教育和指导服务，对学生创业能力素质的形成起到了关键作用。创业课程的学习是学生提高创业能力的重要载体之一。强化创业课程设置及训练有利于提高学生创业所需的多种能力素质。Katz 认为创业教育培训对创业行为的发生有积极影响，学生经历创业教育培训后创建新企业并取得成功的概率更高。高树显等研究认为，创业行为和创业能力属于隐性知识，只能在学生创业实践中形成和发展。高校众创空间提供的创业项目路演、创业实战指导等综合服务，对于学生创业综合素质的形成和创业行为的发生具有积极的影响。

每一个发展相对成熟的众创空间都会孕育出特色鲜明的组织文化，这种文化以润物细无声的方式深刻地影响着创新创业者的创新创业活动。全球创业监测组织 GEM 指出，积极的创业文化会促进和激发创业者的创业意识与创业动机，消极的创业文化会阻碍创业者寻求创业机会和束缚创建企业的动力。

基于上述分析，提出以下研究假设：①创业教育培训对创业教育服务绩效有正向影响。②创业教育综合服务对创业教育服务绩效有正向影响。③创业教育文化氛围对创业教育服务绩效有正向影响。

（二）创业学习能力的中介效应

创业学习能力是一种把创业教育培训传授的理论知识及创业服务和创业孵化传授的实战经验转化为创业素质与创业行为的获得性能力。按照获得创业知识方式的不同，可以把创业学习能力划分为显性知识学习能力和隐性知识学习能力两个维度。显性知识学习能力体现创业者接受创业教育培训，获得创业认知等理论知识的能力；隐性知识学习能力是创业者在接受创业服务和创业孵化过程中对创业实践知识获取的能力。陶咏梅认为，能力的形成包括三个方面的要素，即个体的自然素质、心理特征及社会实践。高校众创空间作为创业实践的综合服务平台，对学生创业学习能力的形成有直接的促进作用。陈国权研究发现，个人学习能力与个人任务和情景绩效之间均具有显著的正相关关系。创业学习能力是影响高职院校学生创业能力的主要因素之一。对于多数创业者来说，创业能力是创业者在创业实践过程中通过学习得以形成和培育起来的。创业学习促使创业者持续地获取并创造独特的创业知识，创业者通过利用所学到的知识构建创业能力有助于新企业的生存和发展。Deakins 等认为，创业学习是创业者获得创业新知识并与已有知识反应整合，对后续创业行为产生积极影响的过程。Cope Holcomb 等认为创业者获得创业认知和创业能力的方式，既可以来自自身创业经验，也可以借鉴他人的经验。

基于上述分析，提出以下研究假设：①创业教育培训对创业学习能力有正向影响。②创业教育综合服务对创业学习能力有正向影响。③创业教育文化氛围对创业学习能力有正向影响。④创业学习能力对创业教育服务绩效有正向影响。⑤创业教育培训以创业学习能力为中介，对创业教育服务绩效有正向影响。⑥创业教育综合服务以创业学习能力为中介，对创业教育服务绩效有正向影响。⑦创业教育文化氛围以创业学习能力为中介，对创业教育服务绩效有正向影响。

（三）创业自我效能感的调节效应

创业自我效能感是创业者自信能够做好各种创业工作，达成创业目标的信念强度。李雯等认为创业行为是创业者感性期望与理性评估交互作用的产物，其形成动因一方面来自潜在创业者对创业结果的强烈渴望；另一方面来自对自身创业能力的判断和信心。

对于自身创业能力具有高水平信心的个体也更有可能从事创业活动。一定程度上，创业自我效能感对创业意识和行为的影响，是先前创业教育培训和创业活动经历的直觉反应。创业自我效能感对创业绩效有积极的影响。

基于上述分析，提出以下研究假设：①创业自我效能感正向调节创业教育培训与创业教育服务绩效的关系。②创业自我效能感正向调节创业教育综合服务与创业教育服务绩效的关系。③创业自我效能感正向调节创业教育文化氛围与创业教育服务绩效的关系。④创业自我效能感正向调节创业学习能力与创业教育服务绩效的关系。

第三节　以创业融资服务为关键特征的保障机制

大学生自主创业是备受关注的社会热点话题。但是根据麦可思研究显示，2015 届大学生自主创业比例只有 1.7%，创业的成功率也仅为 2% ~ 3%。究其原因，表现最为突出的问题之一就是大学生创业融资难。根据有关调查显示，我国有 70%的创业大学生因缺乏资金支持而宣告创业失败。因此，高校众创空间提供创业融资服务，拓宽大学生创业融资途径，帮助入驻高校众创空间的大学生创业者找到合适的融资方式就显得尤为重要。高校众创空间创业融资服务成为影响大学生创业者能否创业成功的关键因素，多元化的融资途径、适宜性的融资方式是大学生创业者创业成功的重要保障。

一、高校众创空间创业融资服务现状

对于入驻高校众创空间的大学生创业者所面临的最大问题就是资金瓶颈。一般来说，大学生创业资金的来源渠道主要有自筹、借贷和风险投资。但根据麦可思的研究数据显示，我国大学毕业生自主创业的资金来源主要依靠父母、亲友和个人储蓄这一自筹渠道，在2015届大学毕业生创业中占到了总来源的70%以上（本科76%，高职高专80%），而来自政府资助和商业性风险投资等其他渠道的比例很低。在多元化创业融资途径方面，高校众创空间并没有很好地发挥其创业融资服务的功能。

对于大学生创业者自身而言，自筹资金数量非常有限，远远满足不了创业启动和运营对资金的需求。虽然近些年国家和各级地方政府及一些高校也都出台了一些有针对性的大学生创业资金扶持政策，但资金规模普遍不大，并且帮扶范围窄，申请门槛高，实施起来困难重重。银行贷款虽然是一种主要的借贷融资方式，但大学生创业信用不足，且缺乏有效的担保，贷款额度相对较小，银行通常也不太愿意给其提供信贷支持。在国外发展迅速的风险投资，其对项目的发展前景和项目运行团队的成熟度等要求较高，主要偏好于成长和扩张阶段的企业，因此对于大多数处于初创期的大学生创业企业而言，申请风险投资是可望而不可及的。因而，在创业融资服务方面，高校众创空间还未能在创业融资信息服务和创业融资担保及创业融资引入风险投资服务方面发挥重要的功能。

运用企业生命周期理论，我们将创业企业的生命周期分为从创业到衰退的五个阶段：创业期、成长期、扩张期、成熟期、衰退期。在入驻高校众创空间的大学生创业企业发展的不同阶段，企业的现金流具有不同的特征，对应着相应的风险和不同的融资偏好。高校众创空间应该在大学生创业企业的不同生命周期阶段，发挥其创业融资服务的独特功能，确保大学生创业企业在高校众创空间孵化的不同阶段，都能获得创业企业发展的充足资金，这是影响创业企业成功的关键因素。在创业企业初期，创业企业的资金大多来自创业企业家的自身投入，这一时期创业企业资金需求较小，投入的资金量规模较小。高校众创空间在大学生创业企业初期，需要发挥的创业融资服务功能是提供融资资金使用的指导服务，创业企业初期的主要任务是建立组织架构及管理体系、产品研发、营销推广等活动。在创业初期阶段创业企业营销收入可能为负，为了维持企业的基本经营活动和研发活动需要，高校众创空间还可以在创业融资服务方面帮助创业企业家寻求天使投资者的资金帮助，为企业提供更多的信息和咨询服务。直到产品上市，企业开始产生现金流入，步入成长期，然而创业企业的成长期阶段的初期，企业依然处于入不敷出的状态，为了加速产品的商业化过程及保障企业的存续，创业企业需要寻求更多的资金渠道，高校众创空间就要发挥自身平台的创业融资服务功能，为创业企业引入既能提供资金支持也能提供资本增值服务的风险投资公司。当创业企业步入成长期中期和后期阶段时，产品已经成功实现了商业化，现金流入超过现金流出，成长趋势较为明朗。在创业企业的扩张期，创业企业需要提高产品市场份额，增强产品在市场上的竞争力，因而需要大力进行市场推广和开拓，形成规模效益。创业企业的扩张期，高校众创空间的创业融资服务应该主要体现在帮助创业企业进行企业 IPO 方式进行融资，这时也是天使投资者和风险投资家较好的资本退出时机。最后企业进入成熟期，增长将放缓，逐渐趋于稳定，但是利润率达到最大。

在整个创业企业生命周期中，对创业企业影响最大的是从启动开始到正现金流产生之间，这段时期通常被称为“死亡之谷”，因为刚起步的企业在这段时间非常脆弱，失败的概率比较高。同时，这段时间的创业风险也比较高，因为创业企业的现金流为负，需要向外部寻求资金援助，同时创业企业家相对而言缺乏企业管理和市场开拓经验，同样需要资本以外的增值服务，因此，这一阶段对天使投资和风险投资的选择将会直接影响创业企业成功的概率。

二、高校众创空间提供创业融资服务规避创业融资风险

高校众创空间大学生创业企业的创业融资需求特点表现为：融资需求的急功近利性；融资渠道选择的盲目性：融资的使用上缺乏责任感；融资过程中政府支持的比例面较小；融资中商业机构承担的风险小。融资贷款手续复杂及各高校众创空间对于大学生创业融资方面指导和服务的不足，而大学生创业企业的创业融资需求所呈现出来的特点又在一定程度上加剧了入驻高校众创空间大学生创业融资的风险。因此，有必要对入驻高校众创空间的大学生创业企业融资风险问题进行理论探讨和实践帮助。

（一）创业企业融资风险的界定

目前，我国大学生创业融资渠道主要有关系融资、政策扶持资金、天使融资、合伙融

资、风险投资融资、金融机构贷款等。每一个融资渠道本身都有其固有风险，而大学生作为创业者中的特殊群体，由于其自身发展、人生阅历等方面的局限，又在创业融资过程中增加了很多不确定性的风险。综合创业融资渠道及大学生创业企业的特点，大学生创业企业融资风险可以表述为大学生创业企业在企业成长的不同生命周期阶段，由于融资环境、企业内因、融资服务等不确定性因素及融资渠道选择不当而引起的风险。

（二）高校众创空间创业企业融资风险的类型

依据大学生创业企业融资风险的内涵，结合大学生创业企业的融资特点，大学生创业企业融资风险分为以下类型：大学生创业企业信用风险、大学生创业企业生产风险、大学生创业企业经营风险、大学生创业企业市场环境风险、大学生创业企业金融风险和大学生创业企业环境保护风险。

（三）高校众创空间创业企业融资风险的产生原因

大学生创业者大多在学校的环境中成长，创业初期满怀热情，而社会经验和人生阅历较少，通常对融资风险的认识估计不足，因而特别容易陷入融资风险陷阱。因此，在对高校众创空间创业企业融资风险产生原因的分析中，大学生作为创业主体所具有的自身局限性是创业企业融资风险的原因。

1.高校众创空间创业企业融资风险的内因

高校众创空间创业企业融资风险的内因指在大学生创业融资过程中由于融资结构及利率等融资政策的变动引起的收益变动的过程。主要包括负债规模、负债利率、负债期限结构。

负债规模是指大学生创业企业负债总额的大小或负债在资金总额中所占比例的高低。一般地，创业企业负债规模大，利息费用支出增加，从而由于收益降低导致创业企业丧失偿付能力或破产的可能性也随之增大。同时，负债的比例越高，创业企业的财务杠杆系数也越大，从而股东收益变化的幅度也会随之增加。因此负债规模越大，财务风险也越大。在同样的负债规模条件下，负债利息率越高，创业企业所承担的利息费用支出就会越多，创业企业面临破产的可能性也会随之增大。利息率对股东收益变动的幅度也会产生较大的影响，因为在税息前利润一定的前提下，负债利息率越高，财务杠杆系数就会越大，股东收益受影响的程度也会增大。负债的期限结构是指创业企业的长短期借款的相对比例。如果负债期限结构安排不合理，例如，本应筹集长期资金，但实际上却采用了短期借款，或者相反，二者都会增加创业企业的筹资风险。原因主要是：第一，假如创业企业使用长期借款来筹资，那么，它的利息费用就会在相当长的时期内保持相对固定的数额，相反，如果创业企业用短期借款作为筹资方式，则利息费用在短时期可能就会有大幅波动。第二，如果创业企业采用大量举借短期借款的方式融资，并且将所筹措的短期借款用于长期资产，那么当短期借款到期时，可能就会出现难以筹措到足够现金来偿还短期借款的风险。此时，若债权人不愿意将短期借款延期，则企业有可能存在破产风险。第三，与短期借款相比，长期借款不仅融资速度比较慢，并且取得成本通常较高，有时还会有一些限制性条款。这些都会增加创业企业融资风险。

2.高校众创空间创业企业融资风险的外因

高校众创空间创业企业融资风险的外因指由于融资环境及经营策略的变化而引起股东收益变化的过程，主要包括经营风险、预期现金流入量和资产的流动性、金融市场等。

第一，经营风险。经营风险是创业企业生产经营活动过程中本身所固有的风险，其直接的表现是企业税息前利润的不确定性。企业经营风险不同于其筹资风险，但又影响筹资风险。当企业完全采用股本融资策略时，经营风险即表现为企业的总风险，完全由股东分摊；当企业采用股本与负债融资策略时，因为财务杠杆对股东收益的扩张作用，股东收益的波动性加剧，从而使其所承担的风险大于其经营风险，二者差额即为筹资风险。另外，如果企业经营不善，其营业利润不足以支付利息费用，那么不仅股东收益会化为泡影，而且要用股本弥补利息支出；严重时则可能导致企业丧失偿债能力，从而被迫宣告破产。

第二，预期现金流入量。负债的本息一般要求以现金（货币资金）偿还，因此，即使创业企业盈利状况良好，但其能否按合同、契约规定按期偿还本息，还需要看该企业预期的现金流入量是否足额、及时与资产的整体流动性是否较强。

第三，资产的流动性。一般来说，现金流入量反映的是企业现实的偿债能力，资产的流动性则反映的是企业潜在偿债能力。如果企业的投资决策失误或信用政策放得过宽，不能足额、及时地实现预期的现金流入量，用以支付到期的借款本息，那么企业就会面临财务危机。此时企业为了防止破产可以将其资产变现，但实际上各种资产的变现能力是不一样的，其中库存现金的流动性最强，而固定资产变现能力则最弱。企业资产的整体流动性也各不相同，即各项资产在资产总额中所占比例不同。这与企业的财务风险联系又十分紧密，当企业资产的总体流动性较强，其变现能力强的资产也较多时，其财务风险就较小；

反之，当企业资产的整体流动性较弱时，其财务风险就较大。

第四，金融市场。金融市场是资金融通场所的统称。企业负债经营受金融市场的影响，如负债利息率高低取决于取得借款时金融市场资金的供求情况，而且金融市场的波动如利率、汇率的变动都会导致企业筹融资的风险。当企业主要采取短期贷款方式进行融资时，如果遇到金融紧缩，银根抽紧，短期借款利率大幅度上升等现象，就会引起利息费用急剧增加，利润急剧下降，更严重的是一些企业由于无法支付高涨的利息费用而不得不进行破产清算。创业项目发起人与贷款人必须对自身难以控制的金融市场上可能出现的变化加以认真分析和预测，如汇率波动、利率上涨、通货膨胀、国际贸易政策的趋向等，这些因素会引发项目的金融风险。

3.基于大学生个体发展的高校众创空间创业企业融资风险原因

第一，大学生自身创业能力的缺乏是限制大学生创业融资的主要原因。在当前创业融资环境中，创业者通常因急于得到资金而不惜代价转卖股权和技术创意，导致毁约，并对创业企业的信誉产生负面的影响，从而加大融资风险。另外，大学生在融资对象的选择上缺乏理智的判断，在使用融入资金时缺乏风险意识。这些都是大学生创业产生融资风险的主要来源。

第二，新创企业组织内部管理不善是大学生创业融资风险的另一个原因。大学生初创企业一般规模较小，监管机制非常不健全，从而容易忽视财务制度的建设，如资金收支程序无章可循、资金计划与业务进度不匹配、不重视资金回收等，这些漏洞无疑都加快了融资风险的产生。另外，专业理财人员的缺失、理财意识和技能的匮乏也是融资风险产生的根源，这些都不利于新创企业资本结构优化、资金使用效益提高、债务负担缓解等。

第三，资本市场的融资政策不健全导致大学生和投资者之间普遍存在信息不对称，使得新创企业经营透明度低，从而对新创企业融资造成不利影响。当政府通过货币政策、产业政策等对市场进行调控时，就可能出现有些政策限制企业经营行为的结果，对新创企业融资活动产生影响，进而导致融资风险。

（四）高校众创空间完善创业融资服务规避创业企业融资风险

第一，高校众创空间完善创业融资服务应该加强创业融资知识宣传，使得创业大学生对创业融资风险获得正确的认识，树立科学的融资风险观，提高风险防范意识，正确的融资观能够增强风险防范意识，而风险防范意识则需要长期有意识地积累。对于高校众创空间而言，需要为大学生风险防范意识的提高积极提供帮助，例如，可以开设风险防范培训，积极组织学生进行创业实践，在实践中培养大学生关于创业风险的意识，增强抵御创业风险的能力。

第二，高校众创空间提供科学的创业融资服务策略规避大学生创业融资风险。高校众创空间通过多种方法和方式，帮助大学生创业者意识到创业融资风险，指导大学生创业者运用科学的防范措施规避融资风险。大学生创业过程会经历各种意想不到的困难和障碍，面对这些困难和障碍，作为创业者，需要做到不逃避，不躲避，积极应对。融资风险是大学生创业过程必须面临的一种风险，要求大学生创业个体对融资风险有正确的认识。面对融资需求，分析其各种融资渠道及每个融资渠道的成本和风险，选择最合适的融资渠道进行融资。

第三，高校众创空间提供创业融资政策的指导和咨询服务。了解和掌握不同创业省区的创业融资政策，有助于大学生创业者利用融资支持，降低创业融资的风险。融资风险已成为大学生创业中面临的最大风险，针对相关融资风险，各地政府已经出台相关政策对大学生创业融资予以支持，如税收优惠政策和设立创业投资基金等途径优化大学生创业融资政策环境。作为高校众创空间应该通过举办主题宣讲会等方式，邀请政策专家和融资专家为入驻高校众创空间的大学生创业者开展创业融资政策和环境的指导与咨询服务，让大学生创业者熟悉创业地区的融资政策及政府相关法规，充分利用政策支持，扩大创业融资的渠道，规避融资风险。另外，高校众创空间要帮助大学生创业者分析创业企业的发展特征，警醒大学生在进行创业融资活动中，要根据自身实际情况和资金需要确定融资的规模，以避免不必要的融资成本支出。

（五）高校众创空间完善创业融资服务促进大学生创业融资

为了更好地服务大学生创业企业的创业融资活动，发挥高校众创空间创业融资服务的保障功能，高校众创空间创业融资服务可以在以下方面完善服务。

第一，高校众创空间应加强大学生创业教育，提高创业质量。大学生创业很难吸引到天使投资的一个重要原因就是大学生创业项目普遍质量不高，团队水平较低。因此，高校众创空间必须给予大学生创业更多的指导，努力提高大学生创业的质量和水平。一方面，高校众创空间创业教育应在教学内容和教育方式改革的基础上，注重创新和实践，努力提高学生创业和创新的意识及水平；另一方面，高校众创空间应充分利用社会资源，加强与企业界的联系，解决大学生创业中的一些实际问题，帮助大学生创业成长。

第二,高校众创空间应为创业融资提供良好的发展环境。高校众创空间应该加强宣传，塑造天使投资发展的舆论氛围。此外，各级政府和相关机构应通过各种有效途径来宣传和普及天使投资知识，介绍国内外天使投资的成功经验，引导人们培养风险意识，树立正确的投资理念，唤起富裕人群参与天使投资的热情。高校众创空间要对创业省区的税收优惠政策进行宣传。各地都会制定税收优惠措施来鼓励天使投资发展。国际上比较通用的促进天使投资发展的有效方法是给予该行业合理的税收优惠。地方税务部门会出台各自适应的税收优惠政策，推动天使投资发展。高校众创空间要对创业省区的法制环境进行宣传。各地大多会出台优惠政策，设立政府天使引导基金，与天使投资人共同投资，共担风险。高校众创空间要对创业省区的天使投资退出的政策市场环境进行宣传优化。丰富和完善的多层次资本市场体系是吸引外部投资的重要环境因素。天使投资顺利退出的良好政策市场环境，对大学生创业企业吸引天使投资具有重要作用。

第三，高校众创空间要对大学生创业者加强诚信教育。对于投资企业来说，投资人和大学生创业者之间委托代理关系存在的基础就是双方的诚实互信，因此高校众创空间提供创业融资服务成功的基础是大学生创业者的良好信用。高校众创空间应该提供诚信教育的服务内容。教育创业者了解社会诚信体系、奖惩制度，鼓励大家诚实守信，努力改变诚信体系不完善这一现状，为天使投资高效运转和良性循环提供保障。

第四，高校众创空间创业融资服务需要构建信息交流平台。创业投资在我国大学生创业融资中应用不足的一个重要原因就是投资人和大学生创业者之间的信息不对称，因此高校众创空间创业融资服务需要构建信息交流平台，通过论坛、沙龙、讲座和联谊等形式，为天使投资人和大学生创业者提供信息交流的平台，帮助天使投资人与大学生创业项目有效对接，实现双方的投融资愿望。另外，还可以建立天使投资人俱乐部或网络与企业孵化器的对接机制，通过企业孵化器为天使投资提供优质的项目并提供孵化培育机会。

第四节　以创业信息服务为主体特征的保障机制

近几年，我国普通高校毕业生人数逐年增加，到 2017 年已达到 795 万人，高校毕业生就业形势更加复杂严峻，“就业难”成为人们谈论的焦点，面对巨大的就业压力，越来越多的大学生走上自主创业的道路，虽然不少大学生都怀揣着创业梦想，但成功者却寥寥无几，究其原因，很多大学生表示，创业最艰难的不是资金，知识、技能和信息的缺乏才是创业的最大困难。高校众创空间应该利用自身资源和信息优势，把高附加值的创业信息和创业服务提供给入驻高校众创空间大学生创业者，为他们“量体裁衣”，帮助他们找到一条适合其自身可持续发展的创业之路。

一、高校众创空间大学生创业企业不同发展阶段信息需求的差异性

大学生创业活动过程是一个信息互动的过程，每个阶段都需要准确及时和适量的信息。研究高校众创空间入驻大学生创业者的信息需求，是高校众创空间提供创业信息服务的前提。

（一）大学生创业企业的准备阶段

本阶段大学生面临的主要问题是创业项目的选择，并判断能否获取所需的资源来支持潜在的创业活动。好的创业项目是创业成功的基础，在选择创业项目时，不仅要对自身的兴趣、特长、实力进行全面客观地分析，而且要善于发现市场机会把握未来发展趋势。此阶段大学生需要关注的信息内容十分广泛，主要包括政府法规与政策信息及行业信息。首先，政府法规与政策信息对创业有较高的价值，从目前的创业环境来看，大学生创业活动尤其需要国家政策的扶持，只有在国家政策的鼓励下，创业主体才能享受到更多的优惠；其次，行业信息是创业主体关注的重点，必须了解相关行业的发展状况、发展前景及新技术、新工艺、新材料等信息，才能结合自身情况确定适合的创业项目。

（二）大学生创业企业的启动阶段

大学生自主创业启动阶段面临的主要问题是创业资源的整合不够。对创业者而言，不可能拥有创业的全部资源，这就需要借助适当形式的市场联系和利益关系，在资源的控制者与创业者之间架起“桥梁”，将有关的资源有效地整合起来。此阶段所需信息主要是创业资源类信息，即获取支持创业的人力、物力、财力等资源，通过人才信息、融资信息等创业资源类信息了解人才、资金、物质的供给情况。对于大学生而言，尽管政府鼓励其创业，但大学生自身没有资金积累、创业经验不足及信用程度的限制、融资渠道狭窄、资金不充分成为影响大学生创业的限制条件。一般情况下，大学生创业资金主要来自家庭借款、银行信贷资金、风险投资等，如何有效获取资金、物质资源是大学生创业主体极为关注的问题。大学生创业主体需要的融资类信息一般包括融资渠道、融资手段及信贷信息等。

（三）大学生创业企业的实现阶段

这一阶段的典型问题是建立早期市场，此阶段大学生创业主体需要的信息内容主要包括目标市场信息、与创业相关的行业信息及竞争信息三个方面。对创业主体而言，市场信息是一种重要的经济信息，决定着消费者的真实需求，可以从微观与宏观两方面把握。微观的市场信息是有关商品销售的各类信息，如商品销售情况、消费者情况、销售渠道与销售技术、产品评价等；宏观的市场信息则是指在一定的时间和条件下，多方面反映市场活动的信息，如与商品生产、服务相关联的各类消息、情报、数据等。不难看出，微观与宏观的市场信息共同构成了市场经济信息的核心部分。此外，在这一阶段，创业者还必须加强和相关行业中龙头企业的联系，积极获取有价值的行业信息，为初创企业在市场上的生存和竞争提供优势，以行业技术信息为例，技术信息资源对于任何初创企业来说都是非常必要的基础性资源，特别是在寻找和识别潜在商机时更需要大量技术信息的支持，与此同时，创业者对竞争对手的情况也必须充分了解，包括竞争对手的数量、经营状况、优势和劣势、竞争策略及潜在的竞争对手等。

大学生自主创业的信息需求主要包括两大类：环境信息和行业信息。前者包括政策法律信息、市场信息、人财物等资源信息、竞争信息等，后者包括行业动态信息、行业标准信息、行业技术信息等。除上述基本信息外，还有一类信息也是其需求的重点，即创业经验信息，与前两类信息相比，创业经验信息属于较高层次的信息，包括创业规划、创业团队、经营模式、组织制度等。大学生缺乏创业经验，来自前人的创业经验信息将会对这一创业群体有很强的指导性和操作性。创业经验信息也是大学生自主创业信息需求中不可缺少的一项内容。

二、高校众创空间大学生创业企业创业需求的信息内容特征

（一）创业信息的具体性要求

在创业的初期阶段，创业者要根据目标市场的特点，从多方面进行项目或产品定位，结合自身优势整合资源，进行针对性的项目或产品开发，在上述创业的三个阶段中，创业主体所关注的信息都是针对具体的项目或产品进行的一系列活动，具有很强的针对性。此外，不仅不同行业的信息需求各不相同，甚至同一行业在不同时期所关注的信息也不同。因此，获取的信息要符合现阶段创业主体的目标。

（二）创业信息需求的及时性

创业不仅是创办新组织或开展新业务，更是一个创新的过程，在这个过程中，新产品或新服务的机会被确认、被创造，最后被开发出来产生新的财富。创业的本质是创新，其核心在于超越既有资源限制而又有对机会的追求，这就要求创业者积极寻找市场切入口，及时获取与目标市场有关的市场信息、政策信息，技术信息、资源类信息，创业的核心原料信息，必须具备新颖性，“新”是其立足点。

（三）创业信息需求的差异性

创业的每个阶段所需要的信息不同，具有极强的阶段性。以创业的三个阶段为例，在准备阶段，创业主体需要根据信息来分析项目的可行性，所需的信息量大而且面广；在启动阶段，创业者需要整合资源类信息，并判断所获取的信息资源能否支撑现有的创业活动；在实现阶段，创业者需要综合考量微观和宏观市场经济信息，把握大环境，持续推进创业活动。所以，创业其实是信息交流与沟通的过程，每一个阶段都需要准确及时的信息。

三、高校众创空间大学生创业企业所需信息的形式

（一）有效的网络创业信息资源

创业需要利用多种形式的信息源，包括文献信息源和非文献信息源。由于信息环境的变化，创业主体在选择信息形式上较之以前发生了巨大的改变，特别是伴随着计算机和网络时代的到来，彻底改变了传统的信息提供和获取方式，人们借助网络方便快捷地选择自己所需要的信息，不受时间和空间的限制，这正是创业所追求的最有效的信息保障方式。

（二）重要的创业行业信息资源

创业要在已有的行业有所突破，就必须用富有创造性的眼光对市场重新加以审视，为了避免受他人对事物评价的影响，创业者必须努力获取关于某一行业的原始资料，如各种调查、数据、统计资料等。原始资料具有权威性、可靠性的特点，是创业非常重要的信息源。

四、高校众创空间大学生创业企业所需信息服务的特征

（一）信息服务专业化

尽管创业者注重通过多种方式获取信息，但最重要的方式还是专业化的信息服务。因为在信息爆炸的今天，在注重效率和追求成功的创业领域，创业主体仅靠自身的力量无法及时有效地满足信息需求。此外，随着社会的发展，分工越来越细，信息的获取和利用越来越需要专门化的知识和技能，这些知识和技能通常不是一般创业者所具备的。高校众创空间应该能够利用自身的渠道优势和信息优势，为大学生创业者提供专业化的创业信息服务。

（二）信息服务创新性

创业是一个复杂的过程，所需信息量大、涉及面广，要求提供的信息服务要从浅层的表面的信息深入到可揭示事物发展规律的深层次信息中。也就是说，从杂乱无章的信息资源中开发出最有价值的情报、知识，提供给创业者参考，从而发现新的商机，创造新的价值。

五、高校众创空间大学生创业企业所需信息服务的保障机制

高校众创空间要发挥自身优势，形成强有力的信息保障体系，为大学生创业企业的不同阶段提供差异化的创业信息服务。

（一）高校众创空间建立多渠道创业信息资源保障体系

高校众创空间要利用自身天然的优势，联合高校图书馆和相关教学院部，为大学生创业企业提供丰富的创业信息资源。文献资源是图书馆各类馆藏资源的基础，能够为大学生提供最多最为优质的创业知识，知识是创业的基础，多方面了解与创业相关的知识对培养大学生自主创业的意识，帮助其确定创业目标有着直接的作用。因此，图书馆应加大对创业类文献资源的投入力度，采购一些创业基础书籍，如创造学、技术创新学、创造心理学、市场与营销、公共关系、创业法规等相关书籍，让大学生了解掌握创业最基本的知识，同时，也可购置一些介绍企业生产、管理方面的书籍，使他们初步了解一些比较具体的生产、管理知识，为创业做好知识储备。创业的信息源主要来自文献信息和网络信息，随着网络

资源的发展，图书馆在全面了解传统文献信息源的同时，也应了解与创业相关的门户网站。通过网络收集，将检索到的有用信息加以分析、综合、归类，建立创业信息数据库，形成特色馆藏，同时，将信息量丰富、具有一定参考价值的网络数据库整理汇编，建立网络信息导航，帮助大学生克服信息获取障碍，寻找创业方向。将网络资源与非网络资源有机结合，形成综合性的信息资源保障，才能为创业者提供及时准确的信息。此外，教学院部是大学生创业企业专业知识信息的重要来源渠道，高校众创空间要整合学校资源，为大学生创业提供多渠道的创业专业信息资源。

（二）高校众创空间构建立体化创业信息服务保障体系

高校众创空间构建立体化创业信息服务保障服务是为大学生创业企业提供信息保障最直接的体现，有效的创业信息服务关系到信息保障的质量，应该在满足创业企业信息基本需求的前提下，寻求立体化的创业信息服务体系。

1.不同创业阶段的差异化创业信息服务

高校众创空间要在创业的准备阶段，帮助创业者了解市场情况，全面收集反映目标行业的动态信息，了解其发展状况，进行市场分析预测，围绕初步选定的创业项目搜集有关法律法规及政策信息，为创业立项的可行性提供依据和信息保障；在启动阶段，围绕项目的论证需要，以人力、技术、资金供给情况等方面的信息来支持创业的立项决策，综合各方面的信息资源为创业提供科学依据；在实现阶段，针对创业过程中的问题，收集，筛选和提供市场经济信息、行业标准、技术信息及竞争信息，并通过各种手段和渠道提供准确性较强的数据、统计资料等原始文献，随时关注创业的进展情况，为创业者提供信息资源的支持和保障。

2.不同行业创业企业的系统性信息服务

高校众创空间需要挖掘整合各类信息资源，使其成为一个有机整体，为创业者提供便于利用的创业信息服务平台，实现信息资源的无缝链接。开展创业专题信息服务，根据目前创业的主流和动向确定专题创业领域，如高科技领域、智能服务领域等，整合与特定领域相关的市场信息、行业信息、竞争信息及创新信息，分析未来行业的走向和变化，寻找潜在商机，为创业者科学筛选创业项目提供素材。

3.创业信息服务形式的多样化

为创业者提供文献借阅、创业信息咨询、创业信息推送、创业信息检索、网络创业信息导航、创业信息跟踪服务等多种形式的创业信息服务。面对增长迅猛数量巨大的各类信息资源，如何有效获取信息成为创业者必须具备的核心能力，创业者在渴望信息部门提供信息服务的同时，更希望提高其自身的信息搜集能力，因此，高校众创空间应承担起大学生创业主体的创业信息技能培训任务，教授他们获取创业信息的技术，这样，创业主体就能在高校众创空间专业化创业信息服务和自我创业信息能力提升相结合的条件下满足对创业活动的信息需求。

（三）高校众创空间构建高素质的创业信息服务人才保障队伍

高校众创空间要实现为大学生创业者提供有效创业信息保障服务，有技术、懂业务的高素质创业信息服务人才起着关键作用。面对内容庞杂、广泛分散的创业信息资源，高校众创空间应该借助现代化的信息技术手段对收集到的创业信息进行科学组织、加工整合、深度揭示，这就需要创业信息服务人员具备较好的知识结构；熟练使用计算机、互联网等现代信息技术，具备一定的网络创业信息检索技巧；熟悉数字化创业信息的收集、整理、加工、利用及组建数据库等工作；同时，还应具备对创业信息敏锐的洞察力和超前的服务意识。要实现以上目标，高校众创空间一方面应加大对创业信息专业人才的培养力度，提高他们创业信息服务的能力和水平，更好地为创业者提供创业信息服务，同时，引进具备创业专业知识的高素质人才，专门为大学生创业提供创业信息资料收集、信息咨询、创业培训等服务；另一方面应建立起高校众创空间内部创业信息交流平台，实现创业知识与信息的交流和共享，高素质的创业信息服务人才队伍加上高效的信息沟通渠道，创业信息服务工作才会更好地开展，创业信息服务活动才能得到持续有效的保障。

第五节　以创业空间服务为基础特征的系统机制

一、创业空间组成系统

（一）工作空间

工作空间主要是以招待会议、办公场地等实体空间形式存在，旨在通过加强组织结构建设、业务日常管理、产品线下研发、市场推广运作等，促进大学生创业建设与发展。另外，这不仅是大学生从事创业的“根据地”，而且还能起到“筑巢引凤”作用，吸引更多的大学生参与其中。

（二）网络空间

网络空间主要是以互联网+X虚拟空间形式存在，它采用线上线下交易相结合的模式，旨在打造在校大学生原创作品或创意的线上展示交易平台，为下一步科技成果转化奠定基础。

（三）社交空间

社交空间主要以创新论坛、创业在线等网络社交空间和会议室、会客室等实体社交空间两种形式存在，旨在加强参与者之间的信息交流、创意沟通、创新协作，从而增强众创空间的软实力。

（四）资源共享空间

资源共享空间主要是以实物共享空间（如大型仪器、实验室、场地等）和网络共享空间（如文献、数据、信息等）形式存在，旨在通过科研资源的开放与共享来助力大学生创新创业，并加速创新创业进程。

二、创业空间服务系统的功能机制

（一）工作空间的创业服务基础功能

高校众创空间创业服务生态系统的创业空间服务，其工作空间主要是以办公场所、办公场地等实体空间形式存在，为大学生创业者提供从事创业活动的物理空间，一方面，起到了让大学生创业者能够安居创业的心理作用；另一方面，高校众创空间的工作空间服务大多实行免费或者低收费的公益性大学生创业服务支持，可以起到降低创业成本的作用，而且还能吸引更多的大学生更积极地参与创业活动，激发更多的创业行为。

（二）网络空间的创业服务推广转化功能

高校众创空间创业服务生态系统的创业空间服务，其网络空间主要是以网络化的虚拟空间形式存在，这种虚拟空间具有线上线下结合的优势，能够为大学生创业团队提供原创作品或创意展示服务，起到了为大学生创业者产品或服务推广宣传的作用，同时，这种虚拟化的展示交易平台，为大学生创业者科技成果的应用转化提供了传播宣传的无界化空间，宣传和推广功能的效果相比传统形式得到了极大提升。

（三）社交空间的创业服务交流创新功能

高校众创空间创业服务生态系统的创业空间服务，其社交空间主要是以网络社交空间和实体社交空间形式存在。大学生创业者在网络社交空间可以随时随地地参与创业信息的交流和分享，对创新创业活动启发不受时空的限制，这种形式对于时间紧张的创业大学生来说更具弹性化，但这种形式的虚拟性也制约创业服务信息的充分沟通和交流，而实体社交空间提供了大家面对面的交流机会，这种交流形式增强了创业者之间感性交流的效果，同时也大大提升了多方交流的深度，因此，社交空间也具有促进创新的功能，创业服务增强了创业者的软实力。

（四）资源共享空间的创业服务加速功能

高校众创空间创业服务生态系统的创业空间服务，其资源共享空间主要是以实物共享空间和网络共享空间形式存在，高校丰富的科研资源通过众创空间创业服务平台提供开放和共享的服务形式，以低成本、半公益性的服务标准来助力大学生创新创业，对大学生创业者来说，具有创新创业的加速功能。

第六节　以创业政策服务为支撑的环境机制

创业政策是大学生创业成功的前提和支撑，同时也是高校众创空间提供创业服务的重要内容。高校众创空间建立良好的创业政策服务环境机制是为大学生创业企业提供创业环境支撑的最好体现。

一、高校众创空间创业政策服务分类

（一）国家层面的创业政策服务

国家层面的大学生创业政策，是大学生创业成功的宏观环境保障。高校众创空间应该能够准确及时地把握国家出台的各项创业政策信息，通过多种形式把这些创业政策宣传贯

彻到创业大学生中。让创业大学生能够及时了解宏观的创业政策环境和未来的创业政策趋向。

当前，国家出台了《关于大力推进大众创业万众创新若干政策措施的意见》和《关于发展众创空间推进大众创新创业的指导意见》,意见指明了发展众创空间的总体目标和具体任务，明确提出了构建众创空间应当和社会与高校紧密结合，发挥科学技术要素，结合新型孵化模式，利用好国家自主创新示范区、小企业创业基地、大学科技园、科技企业孵化器、国家高新技术产业开发区和高等院校、科研院所的有利条件，充分利用社会团体、行业主要企业、投资机构等社会力量。为了进一步明确众创空间的建设进程和工作细节，科技部随后公布了《发展众创空间工作指引》,系统阐明了其主要特征与建设条件等。这份文件从具体管理操作层面指导各地科学发展众创空间，主要解释了众创空间的含义、在哪里建设、如何建设、建设者是谁这四个关键问题。

单独完善的政策支撑体系，是确保高校营造舆论氛围、创造宽松环境、促进大学生自主创业活动蓬勃开展的基本保障。国家对大学生创业政策支撑体系建设的主要内涵包括法律保障、教育培训、金融扶持、税赋减免、社会服务、舆论支持等几个方面。我国积极推进激励和扶持大学生创业的相关工作,先后制定与发布了多项政策法规和扶持优惠性意见，这些努力都为营造大学生创新创业氛围起到良好的推动作用。从国家战略角度来看，全面建设发展高校众创空间、鼓励推进和引导大学生自主创业，是我国建设创新型国家的一项重大战略举措，是激发民族创业精神的必然要求。因此，完善高校众创空间的政策支撑体系是落实上述目标的坚强保障。2015 年 5 月，国务院出台了《关于深化高等学校创新创业教育改革的实施意见》，从国家层面对高校创新创业教育改革做了部署。随即，教育部对高校众创空间的开展进行动员部署，并制定相关配套文件。人力资源和社会保障部等部门精简了大学生创业的程序，让大学生享受到了创业税收减免等优惠政策等。在国家、地方政府和高校的大力推动下，全国高校范围内众创空间创新创业教育改革呈现蓬勃发展态势。

（二）地方层面的创业政策服务

地方层面的大学生创业服务政策是大学生创业的中观环境，也是地方落实国家层面创业政策的重要环节，地方层面的创业政策直接影响着入驻高校众创空间大学生创业者的成功概率。因而高校众创空间需要对地方层面的创业政策进行及时的更新解读，对大学生创业者进行辅导，同时还要对地方层面与国家层面创业政策的异同点进行对比研究，为创业者提供最有效的创业政策信息服务。

2015年以来，各地陆续出台了关于高校众创空间大学生创业方面的支持政策。河南省积极营造有利于创新创业的政策环境和人文环境，河南省的相关支持政策主要由省政府、科技厅、财政厅及教育厅等部门出台。这一系列的政策从金融支持，税收优惠，专业融合，成果转化，平台建设，创业服务及高校发展众创空间建设的目标和任务、原则与要求，众创空间申请、认定、验收程序等方面提出了空间规范管理的指导意见。一系列的政策措施为河南省高校众创空间更好地服务大学生创业者营造了适宜的环境氛围。

（三）高校层面的创业政策服务

高校创业政策和制度是对入驻高校众创空间的大学生创业者影响最为直接的因素，同时也是大学生创业者最能切身感受到的政策支持。高校层面的创业政策制度，相对于国家层面和地方层面的创业政策，政策的落实更及时，创业示范和带动效应也更为直接。高校众创空间对于高校层面的创业政策服务，除了应有的宣传讲解，更为重要的是制定落实创业政策制度支持大学生创业的步骤方案，做到高校层面创业政策执行的及时和有效。

众创空间在高校兴起以来，我国一些高校已逐步发展了各具特色的众创空间，全国高等院校都在积极推进创新创业改革。据统计，中央部委所属高校中有112所已经制定了深化创新创业教育改革方案，还有很多高校将创新创业教育改革纳入了学校综合改革方案之中。16所大学科技园联合建立了“丝绸之路经济带众创空间”。“中国高校创新创业教育联盟”则是由50家企事业单位、137所高校和社会团体联合成立。据统计，仅2015年，中国各高校设立创新创业基金的金额达10.20亿元，同时高校校外资金达12.80亿元，累计金额达23.00亿元，有力地支持着大学生的创新创业。

高校是社会中科技创新的重要组成部分，不仅对于高校众创空间发展有着重要意义，对整个社会创新创业氛围的提升也发挥着重大作用。同时，大学生所特有的灵活的思维、大胆的设想、对社会新鲜事物敏锐的洞察力和创新创业的热情，使高校学生成为创客的重要组成部分。因此，高校对众创空间发展提供政策性支持，充分利用实践教育中心、重点实验室和大学科技园等载体，不仅能够从技术角度加速创意的实现，更能不断壮大高校创客队伍，推动众创空间在高校之间的发展，激发更多高校学生的创新创业热情，形成校园“大众创业、万众创新”的新常态。

二、高校众创空间创业政策服务的环境机制

高校对众创空间创业政策服务的有效程度更多地取决于高校众创空间创业政策的环境机制，支持性的创业政策环境机制能够充分地调动多样化的创业资源更好地服务于大学生创业服务。

（一）完善高校众创空间创业资金政策服务制度

高校众创空间要充分利用校友资源，鼓励校友对母校众创空间提供资金、技术的支持，校友可以优先从创新项目中选择有良好发展前景的项目进行投资，帮助创客们将具有发展前景的创意变为现实。同时，成立鼓励创新创业发展的基金会，对优秀创新项目提供研发经费。此外，从创业资金政策制度层面，高校众创空间需要制定有效激励和约束创业资金使用、申请、审核、规范等有关的政策制度，形成全方位的创业政策服务环境氛围和机制，确保创业政策服务的有效性和规范性。

（二）制定高校众创空间创业技术政策服务制度

高校是高水平科研成果比较集中的地方，高校众创空间应该充分发挥高校的科研优势，建立创业技术应用合作的服务平台，制定高校创业技术应用转化的激励制度，鼓励高校应用科技类的青年教师和科研人员积极开展科技创业，入驻高校众创空间，以科研技术优势带动大学生创业，鼓励科研人员与高校众创空间大学生创业项目进行合作，结合本职工作与企业进行开展兼职活动，鼓励所得收入归个人所有，最终形成高校众创空间创业技术政策服务制度环境氛围。

（三）建立高校众创空间创新创业政策服务制度

创业的本质是创新，创新是创业成功的前提和重要保障。高校众创空间应该在创业政策服务中，把创新政策支持放在重要位置，营造有利于创新、鼓励创新、敢于创新的制度环境，高校众创空间应加强创新创业制度建设，应建立创新创业服务部门，为学生创业做好服务和管理，鼓励教师为学生创业做好辅导，积极开展创业辅导培训，在绩效考核、职称评定上给予倾斜，并积极举办创业训练营、创新创业大赛等活动，营造高校创客文化氛围。众创空间的建设和完善需要人员、设备、场地和资金的投入，短时间内完成众创平台建设并开展相应的创业教育对很多高校来说都存在一定难度，而信息技术的发展为开展高

校之间的合作提供了便利。因此，通过建立高校众创联盟，推进资源共享，高校之间可以加强思想的交流与观点的碰撞，弥补各自学科知识的不足，开阔创新视野，提高创业的质量和成功率。

（四）完善高校众创空间创业法律政策服务培训制度

创业法律政策既是支持学生创业成功的重要规范，也是约束和保障学生创业方向的重要制度。为了有效保护高校大学生创业者的知识产权，激励高校大学生创业者的创造热情，高校众创空间应当首先对大学生创业者进行关于知识产权等相关创业法律的培训，以培养高校大学生创业者的知识产权保护意识。在此基础上，高校众创空间还应该通过成立专业的创业法律政策咨询机构或部门，为高校众创空间的创业者提供创业法律援助服务及创业咨询服务。

第五章　创新创业教育生态系统的经验与实践

第一节　创新创业教育的瓶颈

我国创新创业教育起步较晚。2002年，教育部将清华大学、中国人民大学、北京航空航天大学等九所院校确定为开展创业教育的试点院校，这标志着我国高校创新创业教育正式启动。十几年来，国内高校不断创新人才培养模式，对创新创业教育的理论和实践进行纵深的研究探索。党对创新创业人才培养做出重要部署，习近平总书记多次做出重要指示，要求加快教育体制改革，注重培养学生创新精神，造就规模宏大、富有创新精神、敢于承担风险的创新创业人才队伍；李克强总理多次强调，大众创业、万众创新的核心在于激发人的创造力，尤其在于激发青年的创造力。2015年，国务院办公厅下发《关于深化高等学校创新创业教育改革的实施意见》,从国家层面对高等学校创新创业教育做出系统设计、全面部署。

在政府相关政策推动下，国内各高校都把深化创新创业教育改革作为学校重点任务，推动高校创新创业教育的深化改革，并投入大量经费支持创新创业教育改革。有数据显示，仅2015年全国高校设立的创新创业资金以及吸引的校外资金已超20亿元，虽然取得了显著的成效，但距离党中央、国务院的要求，还有一定差距。正如刘延东副总理于2015年10月20日在深入推进高校创新创业教育改革座谈会上讲道："创新创业教育存在问题：一是思想认识还没完全到位。有些地方和高校认为高校创新创业教育改革是部分学生、少数教师参与的小范围改革，是应对当前经济下行压力加大、高校毕业生就业难的权宜之计，因而深化改革的内生动力不足。二是政策措施还不完善。一些地方和高校调研没有抓住症结和关键，制定的政策不具体，缺乏针对性、实效性。三是推动力度不够。一些地方和高校还只是停留在会议、文件和口头上，没有真正落实到教学观念、培养模式等教育教学的关键环节中，尚未落实到教师、学生的教学和实践上。"针对上述问题，各高校根据学校自身的实际情况不断深入探索，坚持以适应经济社会转型发展需求为导向，逐渐形成各具优势和特色的创新创业教育模式。然而，综观当前国内高校创新创业教育的现状，在推进创新创业教育改革过程中依然存在许多瓶颈问题，不同程度地制约着国内高校创新创业教育的改革与发展。

一、创新创业教育理念不新

一些地方和高校对创新创业教育概念内容认识模糊，狭隘地认为创新创业教育等同于“企业家教育”“教育创业”，将其简单看作“就业指导”“职业规划”，以促使学生成功创业和满足以解决生存为目的的就业培训等为主要目的，单向度地突出创新创业教育在引领创业、带动就业等方面的作用。这种功利性的思维窄化了创新创业教育的内涵，缺乏对创新创业教育本质性的认知，片面强调狭义的创业取向，重视就业培训的短期效应，而忽视了对学生创新思维、创业意识和实践能力等方面的培养，忽视了教育育人的全面性、长效性。多数大学生未能将创新创业作为自己应当承担的一种社会责任感，认为只是少数学生的事情，而将自己置于创新创业教育之外，缺乏主体意识。

二、创新创业教育资源疏离

目前国内高校的创新创业教育仍然存在着实践环节薄弱，缺乏与政府、产业的整体联动，资金平台缺乏等现实不足问题，未能突破高校创新创业资源分散疏离的瓶颈。一是校内资源整合不够，学生创新创业教育尚未全员化，部门配合不协调、整合不力的现象依然存在。二是校际资源共享平台搭建不力，省城、区城校际创新创业联盟尚未形成，师资、实训基地、孵化基地等资源共享不足。三是学校与企业、社会的深度合作机制尚未形成，缺乏与社会各类创业教育、服务机构的合作，区域化合作创业服务平台构建滞后，缺乏为学生创业企业提供政策咨询、扶持资金申请、企业登记注册以及融资等方面的“一站式”服务。四是由政府、风险投资公司和校友搭建的创业项目与基金支持合作平台建设滞后，实习实践、评估项目、项目资助等资源相对贫乏。五是创意对接平台建设不力，高校与创客空间、创客工厂、创业园区等创新创业项目孵化基地缺乏有效联动，导致“挑战杯”等创新创业大赛的部分项目由于缺乏资金和孵化基地等相关资源支持，仍停留在计划项目层面，难以付诸实施。

三、创新创业教育体系欠缺

以往高校的创新创业教育和专业教育都是分散在多个部门进行，相互独立、互相脱节，没有统一的教育体系，创新创业教育如何融入专业教育的问题有待解决。

（一）教育模式缺乏系统性

部分高校创新创业教育的培养目标缺乏明确定位，创新创业教育没有上升到理论学科层面，没有形成科学体系，难以发挥合力。主要依托不同学科的师资和教学条件展开创新创业教育，从而受到传统教学模式刚性的影响较大，导致创新创业教育模式缺乏独立性、针对性和系统性。

（二）课程设置未成体系

创业课程脱离实践，创业教育缺乏足够的实践平台（基地），多数高校创新创业教育仍以“课堂教学”为核心，通过校内讲座、选修课等形式设置创新创业课程，但对自主创新创业教育课程的开发与设计处于零散状态，缺乏专业教育的深度融合，使得创新创业课程仅仅作为专业教育的一种补充而游离于第一课堂之外，无法适应创新创业教育可持续发展和不同专业、年级学生差异化的需求。

（三）运行机制未统一

各高校结合自身实际，从不同模式的创新创业教育探索过程中，逐步形成以下三种不同类型的运行机制，导致在国家层面没有统一制度的情况下，各高校对创新创业教育的认知程度和执行力度缺乏相应标准：一是“独立式”运行机制，设立专门的教育管理机构，由专职人员负责学校创新创业教育的开展，主要以黑龙江大学、大连理工大学等高校为代表；二是“嵌入式”运行机制，依托工商管理学院、商学院，成立了相关教学管理机构，多由兼职教师负责相关工作的开展，以中山大学等高校为代表；三是“联动式”运行机制，由学校领导牵头，协调教务、团委、学生、就业、科技创业园区等机构成立了工作指导委员会，各部门协同负责，以清华大学、北京航空航天大学、广东工业大学为代表。

（四）评价体系尚未完善

创新创业教育是一个相对复杂的教育过程，包括意识激发、理论传授、模拟演练、实操实践等多个核心环节，同时，它又是一个教育效果呈现周期较长的工程。因此，科学评价教育的效果，就成为指引创新创业教育工作发展的风向标。目前，国内高校对创新创业教育效果的评价标准在认识上存在一定争议，大致有三种观点：一是数据指向，将创业率作为衡量创新创业教育的标准；二是锦标指向，将学生参加各级各类创新创业竞赛的成绩作为学生创新创业能力的体现；三是能力指向，认为内化的素质和外化的行为是衡量教育效果的标准。这些都是教育效果的客观呈现，但对于兼具复杂性和长期性的创新创业教育工作来说，又都是极为片面的。

（五）创新创业教育师资匮乏

创新创业教育是一门综合性学科，教师不仅需要具有较高的理论素养、讲授技能，更需要拥有创新创业实践经验和指导能力。适应创新创业教育供给侧改革的需求，我国各高校创新创业师资队伍建设面临严峻的考验，高素质创业教育师资的短缺已经成为制约创新创业教育快速发展的瓶颈。一是教师总体数量有限。作为新兴发展的学科和课程，多数高校近年来对创新创业教育的师资培养还不能满足实际教学的需求，尤其是缺乏相关专业背景的教师。二是兼职多、专职少，缺乏实践指导能力。部分高校把创新创业教育作为就业指导的一部分，创新创业教师多数由团委、就业指导中心等学工队伍的老师兼任，缺乏企业锻炼和创业经历，教学以理论讲解和案例教学为主，讲授的就业指导课程基本集中于政策法规讲解、就业信息获取渠道和简历制作、面试技巧等方面。三是校内多，校外少。高校通常受编制、专业结构等硬性条件限制，难以大量引进、聘任校外企业具有丰富经验和操作能力的企业家或者创业“大咖”，即便聘请了少数企业家或创业人士担任客座教师，但有限的几次讲座缺乏系统性，由于缺乏系统的教学技能培训，部分创业者或企业家缺乏相应的教学经验，教学效果有时不尽如人意。

四、创新创业教育生态失衡

（一）高校创新创业文化氛围的缺失

第一，高校对创业教育的认识存在偏差，认为创业教育就是教学生如何创办企业，并且认为创业只是少数掌握各种资本的创业者的事情，而缺乏各种资本和经验的学生很难创业成功。第二，高校缺乏创新创业文化的积淀，创业教育游离于高校人才培养模式之外，创新创业指标并没有真正纳入对高校和学校领导的考核，许多高校对于学生创业的态度都是“说起来重要，做起来次要，忙起来不要”。第三，当前高等教育领域普遍存在“重学轻术，重普轻职”现象，重视理论学习而轻视实践锻炼，这显然与创新创业活动需要学生具备极强动手实践能力的要求背道而驰，无形中扼杀了创新创业的文化基因。第四，高校尚未形成开放、多元、包容的创业观念。“敢为人先，宽容失败”的创业氛围不浓，对学生的创业热情和需求缺乏包容与引导，全员支持创新创业的理念尚未形成。

（二）创业实践政策保障不完善

虽然近年来国家和地方政府相继出台鼓励大学生创业的政策，如对大学生创业贷款放宽标准，允许大学生休学保留学籍创业，对大学生创业减免税收等诸多方面的优惠政策，但高校创新创业教育的相关配套保障政策发展不均衡，尚未形成完善的保障措施及相关资源的引导政策和支持体系，缺乏创新创业教育多主体高度融合、协调联动的服务机制，无法保障学生个性化、多样化的教育选择权利，导致国家政策对高校创新创业教育实效的影响非常有限。

（三）创新创业实践扶持资金短缺

当前大学生创新创业资金主要是由政府和高校提供，创业资金来源渠道狭窄，给高校创新创业教育专项资金和配套资金投入不足，同时，社会、社区企业、校友资助资金少且没有专门部门有效地整合，使资金用于大学生创业创新教育，导致高校创新创业教育的资金缺乏。

第二节　国外高校创新创业教育系统的培育经验

一、斯坦福大学

斯坦福大学独特的创业教育生态环境是其形成领先创新创业教育模式的关键要素。创业精神通过学科和院系、非营利组织、人文艺术等多种创新方式渗透到斯坦福大学的整个体制。斯坦福大学鼓励与维持创新文化和创业精神的方式，主要是通过一些项目来培养创造力，从而吸引一些有创业志向的人。图 6 - 1 所示为斯坦福大学创业生态环境及合作网络，充分展示了斯坦福大学创业教育生态系统的整体性和关联性。

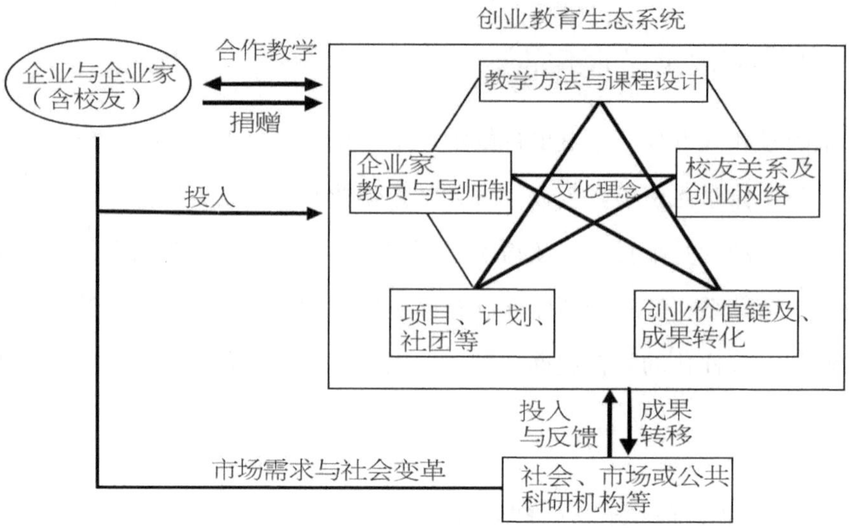

图 6－1　斯坦福大学创业教育生态系统

（一）博专并举：坚持将创新创业教育深度融合于通识教育与专业教育

斯坦福大学非常重视通识教育，将创新创业教育纳入了通识性教育范畴，各学科专业课程设置坚持多学科交叉、教学与科研结合、文化教育与职业教育结合、文科和理科结合，开展全校性的创业教育，构建较为完善的创新创业教育课程体系。首先，建立庞大的培育学生综合素养的通识性课程体系，打通创新创业教育的学科门类壁垒。创业课程涵盖了建立和运营一个企业应涉及的各个方面，包括创业想法的形成、企业建立、融资等，开设创业管理、技术和创新的战略管理等 20 余门相关课程以及在线的创新创业认证项目。其次，构建以商学院为中心的多学科协同教育体系，充分利用商学院创新创业教育的优质资源，将创新创业扩展到商学院以外的其他院系。例如，工学院和设计学院借助斯坦福大学科技创业项目（STVP）面向全校学生开设数门与创业相关的课程，包括创业思想领导者研讨会等系列活动。医学院、法学院、教育学院也各自开设了 1～3 门创业方面的课程，如“教育中的商业机会”“生物革新：需要发现与观念创新”“社会创业”等，充分体现了学科特色与创业精神的融合。最后，强化专业课程设置的前沿性和引领性，严格评估教师的专业课程教学和学生的专业课程学习。斯坦福大学建立了严格的教师考核制度和学生考试制度，每年因专业考试不及格而重修的学生比例都在 20%以上。

（二）产教一体：坚持将创新创业教育深度融合于理论学习与实践探索

斯坦福大学积极倡导实用主义的教育观，坚持寻求教育的生产性功能，认为研究学习的最终目的是实践探索。第一任校长斯塔尔·乔丹（David Starr Jordan）曾明确指出："斯坦福不会像旧的教派学院一样使学生与世隔绝，而要使他们为实际世界的生活做准备。"具体表现在：第一，注重理论与实践相结合，创新教学形式，包括以学生为中心的案例教学、项目与实务导向性教学、体验式教学、主讲教师与客座嘉宾合作授课等，将所有前沿理论和实践知识融入课堂。邀请资深企业家和创业者进入课堂，与学生分享创业实践经验和见解。例如，谷歌公司董事长艾瑞克·施密特（Erie Schmid）、风险投资人彼得·温德尔（PeterWendell）和斯坦福大学校友安迪·拉切列夫（Andy Rachlef）为同学们讲授创业精神和风险资金的团队；英特尔公司前总裁安迪·葛洛夫（Andi Grove）自 20 世纪 80 年代开始就与商学院战略与创新大师罗伯特·伯格曼（Robert Burgelman）教授合作讲授技术与创新的战略管理等 MBA 课程。第二，推进校企合作，实现人才、知识与资金的有机结合，积极为在校学生的知识成果转化和创业实践探索提供优质服务。斯坦福大学位居硅谷的核心，集人才、知识与资金于一体，在校企合作，人才、知识与资金有机结合方面有得天独厚的优势。

（三）供需结合：坚持将创新创业教育深度融合于个体发展与市场需求

创新创业教育中存在着两个市场：一是高校内部市场，高校是服务供给方，学生是服务需求方；二是高校外部市场，高校是人才供给方，社会是人才需求方。为妥善处理两个市场内部供给方与需求方的关系以及两个市场之间的关系，斯坦福大学在创新创业教育实施中主要从三个方面进行了重点突破：第一，关照不同学科、不同学生的差异性需求，提供精细化教育服务。每个学院根据学科属性特征和学生个体需求开展具有针对性的创新创业教育服务。第二，通过和企业建立联合研究中心等，追踪市场前沿、推进科研创新，主动开辟和引领市场需求。斯坦福大学的创新创业教育不是对市场的被动适应和迎合，而是一种主动的开辟和引领。现阶段，斯坦福大学各个学院都与企业尤其是高科技企业建立了密切的长效合作关系，这种合作关系可以保证创新创业教育紧贴市场需求，触发科研创新，从而更好地开辟和引领市场发展。据统计，斯坦福大学与企业建立的联合研究中心有 120 个以上。第三，贯通高校内部市场与外部市场的内在联系，实现产学研一体化的协同发展。斯坦福大学根据市场需求建立了学科专业的动态调整机制，并且根据学科专业的动态调整及时更新和开发创新创业教育资源和课程，实现了个体发展与市场需求的充分对接。

（四）协同推进：坚持将创新创业教育深度融合于制度建设与文化塑造

创新创业教育是一项复杂的系统工程，需要协同高校、政府、企业、教师和学生等多方力量，形成内在凝聚力和推动力，构建生态综合发展体。第一，依据《董事会章程》《行政管理指南》《评议会宪章》等规范性文件，斯坦福大学明确了高校、政府、企业、教师和学生等多方主体的关系，倡导学术自由、鼓励创新创业的理念始终贯穿其中，而且给创新创业教育的具体实施预留较大的制度空间。第二，为充分调配创新创业教育资源，斯坦福大学组建了斯坦福创业网络（Stanford E—comer），将创业研究中心、社会创新中心和技术许可办公室等机构全部囊括进去，统筹管理创新创业教育工作。第三，以第二课堂形式丰富创新创业活动，培育以创新创业为核心的特色校园文化。斯坦福大学的创新创业活动可分为两类：创新创业竞赛类活动和学术研讨类活动。斯坦福创业挑战赛、斯坦福社会创业挑战赛和斯坦福社会运动挑战赛赢得了全校学生的青睐，汇聚了来自教育学、历史学、社会学及众多理工类专业的学生。创业教育圆桌会议、创业周等学术研讨会每年都会定期举办，为学生提供了良好的学习平台。鼓励学生树立创新创业思维方式、价值取向，鼓励学生不拘泥于传统、张扬个性、大胆实践，鼓励学生用企业家精神武装头脑并且积极进行跨学科组队，以实现优势互补，使创新创业文化特质深深地烙在每一位学生身上，发展成为美国高校一种潜在的隐性竞争力。

二、麻省理工学院

麻省理工学院创业教育从点到面，覆盖各类学生需求，突出体现校企之间密切合作，注重知识创新和成果转化，直接参与经济社会发展的科研、咨询服务，在高校、企业、政府与大学生之间形成彼此关联、彼此促进的“生态系统”，如图 6–2 所示。

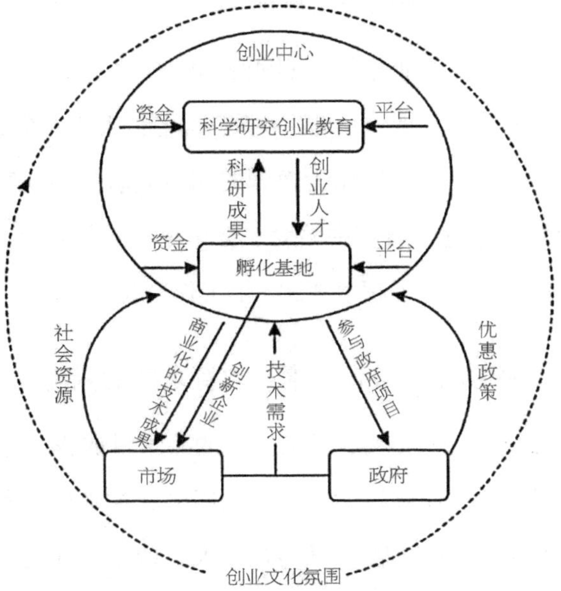

图 6 – 2 麻省理工学院创业教育生态系统

（一）全方位的课程设置

麻省理工学院是美国最早开展创业教育的高校之一。1958 年，Dwight Baumann 教授开设了麻省理工学院的第一门创业课程。麻省理工学院坚持以实用性为原则，以培养新一代的创业领导和精英为愿景，对创新创业课程进行了系统化设计。

1.完善课程体系，打破专业教育与创业教育之间的围墙

学院的创业教育课程包括理论型创业课程、实践型创业课程与团队项目型创业课程。理论型创业课程包含没有边界的创业、管理技术与创新等课程，为学生的实践活动提供了完善的理论基础；实践型创业课程包含社会创业、发展型创业等课程，使学生有关创业的初步设想形成计划，为准备创业的学生提供相关的指导与培训；团队项目型创业课程包含创业实验、全球创业实验和创新团队等课程，让学生可以跨专业自由组建团队，共同解决创业项目中的实际问题，同时，团队项目也为学生提供到知名公司实习的机会，让学生能够在真实的企业环境中得到锻炼，运用课程所学理论知识解决实际操作问题，使教学与实践紧密互动。

2.丰富第二课堂，搭建知识传授与创业活动之间的桥梁

麻省理工学院校园内与创新创业相关的实践活动、学生社团、科研项目层出不穷，形成了该校丰富多彩的创业教育第二课堂。如麻省理工学院“大学生研究机会计划”（UROP），该计划以研究性项目为基础，让本科生作为教师的初级同事参与研究工作；麻省理工学院10 万美元创业大赛促使学生在创业竞赛中培育、孵化更多的创新企业，有关报告的数据显示，麻省理工学院的创业大赛创造了超过 4 600 个工作岗位。

3.跨学科设计特色，跨越专业教育与素质教育之间的鸿沟

麻省理工学院设立了大量文理交叉、理工交叉的跨学科课程，允许学生跨专业、跨学科、跨学院学习。一方面，学校强调科学和人文的联系，加强理工科专业的人文（包括经济）科学课程的比重，培养了学生工程科学与社会人文两个方面的综合处理问题能力。另一方面，学校跨学科聘请教师，为学生提供大量知识新颖、交叉性强、水平较高的课程和讲座，不断丰富和更新学生的知识结构，培养其前沿意识和创新能力。例如，麻省理工学院成立“科学、技术与社会规划”（Program in Science，Technology and Society）学院（简称“STS 学院”），实现在自然科学、技术科学与人文科学、社会科学等学科领域进行跨学科交叉教育。

（二）专兼结合的师资队伍

麻省理工学院教授按照其所从事的科研属性分为两种类型：一类是内部学术型教授，这类教授主要利用麻省理工学院内部资源进行相关学术研究，不从事外部工作。另一类是外部实践型教授，他们在完成学校科研与教学的同时，为社会企业、客户提供智力和技术等咨询与服务。麻省理工学院创造性地推出一条“黄金法则”——“五分之一原则”（教授一周内有一天的时间专门用于创业等相关服务和实践工作，其余四天须为大学履行义务）。让参与创业相关工作或在创业一线的教师教授创新创业课程，很大程度上填补了创新创业教育的师资力量。更重要的是，麻省理工学院将教师有无参与企业创建等经历作为聘用、考核和晋升的重要参考依据，极大地调动了教师创新创业的积极性。同时，教师通过参与企业管理、创业实践，提升了对创业的理解与认识，并将这些理解、认识融入课堂教育中，在很大程度上提高了理论知识的实践性，避免理论与实际脱节。

（三）完善的组织保障

根据学生创新创业需求，麻省理工学院从官方角度设立了多种创业组织机构服务于创业教育，为学生创业提供全方位的服务保障。如创业中心（MIT Entrepreneurship Center），主要用于创业教育各种资源的整合；创业辅导服务中心（MIT Venture Mentoring Service），主要提供创业咨询与支持；技术专业办公室（MIT Technology Licensing Office），主要帮助校内科研成果的专利申请与转移；资本网络（The Capital Network），主要吸纳与提供创业所需资本，实现创业资本的流通。同时，麻省理工学院创建了不同类型的学生社团组织，开展丰富的创新创业教育活动，提高学生创业的积极性与参与度。如全球创业工作坊（Global Startup Workshop）、创业者俱乐部（MIT Entrepreneurs Club）、创业社区（MITEntrepreneurship Society）等组织为学生之间的信息流通、创意激荡、经验分享提供了平台，而风险资本和私人直接投资俱乐部（MIT Venture Capital & Private Equity Club）则为创业教育生态系统注入了宝贵的资金流。

（四）多维度的支撑平台

一是制定相关政策法规保护高校合法权益，为大学生创新创业提供良好的政策法规环境。如出台相应的中小企业免税法，采用调控手段使资金流向大学生创业主体等。二是社会多元化机构，包括各种科技园、创业培训机构、创业资质评定机构、风险投资机构等非营利性组织，通过开展创业教育宣传，开发创业教育课程，提供创业知识和专业训练，为创业者出谋划策，提供创业经费赞助，奖励优秀学生等方式，促进麻省理工学院创业实践和创业教育成果的市场化运作转化。三是麻省理工学院形成了以高校为主导的大学、政府和产业有机结合的创新创业模式，一方面通过签订协议与政府、产业界建立合作关系并接受其资助，另一方面为政府、社会培养人才和输送最新科研成果，实现了政产学研的优化组合。

三、慕尼黑工业大学

慕尼黑工业大学（TUM）以创业型大学作为学校发展的首要战略，注重人才培养的针对性、适用性，强调实践导向，把内部改革与对外融合紧密结合起来，吸纳社会多元因素参与。借鉴自然生态系统中生产者、分解者、消费者、催化剂之间相互作用的思想，分析慕尼黑工业大学创业教育生态系统的构成要素，如图 6 –3 所示。

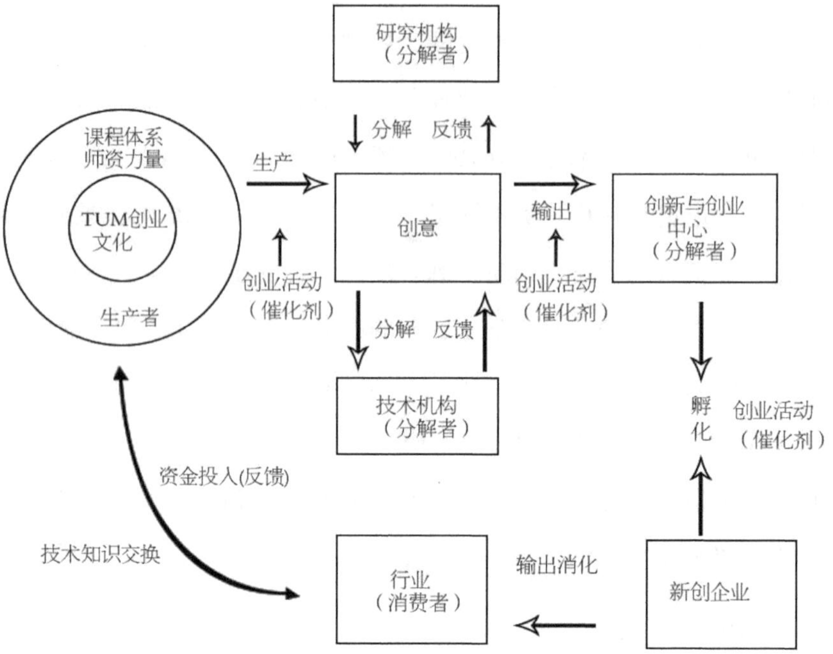

图 6-3　慕尼黑工业大学创业教育生态系统

（一）以实践为导向的创业课程（生产者）

慕尼黑工业大学的创业教育课程打破学科之间的界限，形成了以实践能力为导向的课程体系，以 Start TUM 为代表。Start TUM 作为一个集成式的创业教育方式，十分注重创业实践培训，在学生创办企业的整个过程中全程指导创业，给他们提供以实践为导向、需求为基础的教学内容。Start TUM 教学课程分为感知（Sense）、接触（Touch）、评估（Assess）、识别（Recognize）、创办（Take-off）、未来经营（Understand More）6 个模块，每个模块对应不同的创业阶段，力图为学生提供全过程、系统的创业培训，帮助他们学习了解整个创业过程的相关知识（表 6-1）。通过这种纵向分布式教学，慕尼黑工业大学将创业全部过程的相关知识都包含在内，使学生能够逐步掌握全面的创业知识，提升创业技能。

表 6 –1 Start TUM 创业课程教学模块

模块	阶段	问题思考	代表课程和项目
Sense	感知	比成为员工更好的职业发展是什么	创业学、创业准则、组织心理学、创新型企业家
Touch	接触	我愿意过创业者的生活吗	创业准则、创新型企业家、商业计划研讨会（基础班）、创业培训春季班和夏季班
Assess	评估	我想成为创业者吗	创业准则、组织心理学、创业营销实验室、创新型企业家、商业计划研讨会（基础班）、创业培训春季班和夏季班、技术创业实验室
Recognize	识别	要成为一个创业者，必须要做什么	创业准则、技术融资和商业化、创新和营销的可持续性、沟通和领导力、领导力的激励、营销创业实验室、商业计划研讨会（基础班、高级班）、创业培训春季班和夏季班，技术创业实验室
Take–off	创办	我如何开始创立企业	创业融资、创业者的债务金融、企业家精神和法律、技术融资和商业化、高级战略和组织、创新和营销的可持续性、沟通和领导力、领导力的激励、战略与组织（导论班、高级班）、营销和战略及领导力、商业计划研讨会（高级班）
Understand More	理解更多	我如何通过开展前沿研究去理解和推进更多创业理论	创业及创业管理研讨班、创业融资、创业者的债务金融、技术融贷和商业化、创新和营销的可持续性、组织心理学、沟通和领导力、领导力的激励、战略与组织（导论班、研讨班）、营销和战略及领导力

（二）全方位的创业支持系统（分解者）

为提升学生创业技能，提供创业支持，慕尼黑工业大学根据学校组织机构的职能和研究项目的应用，搭建了系统的创业支持机构，为初创企业的成立和发展提供了全方位的支持，推进一个新的创意快速转变为商业机会。创业支持机构包括创新与创业中心、社会创业协会，创业研究所、创业和金融研究所、行业联络办公室、研究和创新办公室、技术创业实验室、慕尼黑大学创业基金。

创新与创业中心（Unternehmer TUM）成立于2002年，目前已发展成为欧洲最大的校级创新与商业创造服务中心，员工有70多名，每年开设超过1 000次的创业相关讲座、研讨班和项目分析会，并推出50多个创业项目和新创企业，创造性地把天赋、技术、资本和顾客进行紧密地联系，开发出一套系统的程序来鉴别、发展和执行创业机会。创新与创业中心由4个组织构成：GmbH（通过提供卓越的亲身实践的创业训练、孵化技术创业团队、产品原型所需的基础设备或条件等,激励和授权学生、研究者及专家进行创业活动）、ProjectGmbH（通过“创业企业加速器项目”并联合新成立的企业来识别、开发及实现创业合作项目，以成功地产生新企业）、Funds Management GmbH（设立风险投资基金，为处于新兴技术领域的创业者提供进入国际市场的机会）、Maket Space GmbH（是一个会员制的开放型组织，包括高技术研讨会和模拟工作室）。

社会创业协会（SEA）由慕尼黑工业大学、慕尼黑大学、慕尼黑联邦国防军大学、慕尼黑应用技术大学等高校于2010年共同创立，关注的领域包括教育和集成、社会和参与、医疗保健和社会挑战、环境和可持续以及内部创业和创新，致力于“为社会变革而教学”，主要任务是进行资格培训和推动创业，初创咨询以及提供网络、合作伙伴和团体。

创业研究所（ERI）是欧洲领先的创业研究机构之一，分为教学、研究两部分，拥有一个由20多名科学家组成的不同背景和资质的跨学科团队，主要研究创业者及新创企业的成长规律，涉及创业认知、创业决策、创业心理、新企业绩效及其影响因素等多个领域。研究内容主要包括两个方面：一是从经济学和心理学的角度探索开拓商业的途径及机制，提高学生对创业者和创业组织的认知；二是从商业科学的角度去理解新兴组织及助其成功的影响因素。

创业和金融研究所（CEFS）由慕尼黑工业大学与德国复兴银行首席教授安·克里斯汀·阿赫莱特纳、财务与资本市场系首席教授克里斯托夫合作创办，开展了大量关于初创融资的外部资助项目研究，包括中小企业期权融资、新创企业私募股权、欧洲风险投资市场、家族创业的资本市场融资、社会创业的绩效管理、德国创业指数（Germnan Entrepreneurial Index）等。

行业联络办公室（ILO）是慕尼黑工业大学联结研究和商业的服务中心。慕尼黑工业大学重视在促进基础研究的同时加强科学知识的应用研究，形成了一个互补的研究链，并通过与商业伙伴的合作使知识和技术转移到社会。慕尼黑工业大学与科学界和企业界的合作伙伴每年签署 1 000 多项合作研究与开发协议，催生了不少技术型新企业。

研究和创新办公室（ORI）除了具有与行业联络办公室类似的功能之外，还支持慕尼黑工业大学所有有意申请专利的师生，给他们提供关于知识产权的全面建议，评估他们的发明及其专利保护的可能性和工业实用性，帮助他们提出专利申请，明确发明者的专利权。

技术创业实验室（TEL）帮助创业者评估技术，讨论其用途及客户群体，探讨实现想法的最佳商业模式及相关的专利战略。它还有一个“机会评估计划”，旨在帮助创业者厘清和执行创业步骤，如发展趋势分析、市场机会和环境分析、下一步行动计划等。

（三）产学深度融合的协同模式（消费者）

慕尼黑工业大学充分利用身处慕尼黑这座工业城市的资源优势，与产业界紧密联系，协同发展。一方面，不断调整自身的教育模式，以适应产业的最新发展。学校不仅在教学上注重理论与实践的结合，还在工程应用研究领域与工业企业深入合作，承担大量的合作项目，致力于生产实践的研究和探索，使得人才培养更有针对性。另一方面，注重与产业界长期密切合作，鼓励相关用人单位吸纳学校培养的高素质初级工作人员或毕业生。2011 年 8 月，德国政府在高科技战略框架下发起“科研校园：公私创新伙伴联盟”竞争性行动计划并设立行动基金，致力于促进企业、大学和研究机构之间形成长期伙伴关系，通过深化合作加快科研成果的转化利用。慕尼黑工业大学与宝马、大众、安联保险等许多知名企业都建立了良好的长期合作关系，不仅为其解决了急需的生产技术问题，而且促进了对创新型产品与方法的研究与开发，并将相关研究成果转化到实际生产中。

（四）多学科融合交流的创业文化（催化剂）

慕尼黑工业大学依托丰富的外部资源及网络，强化跨领域的交流合作，打破了学院门派分割造成的学术封闭状态，为学生提供多个跨学科、国际化的研究和学习平台，实现创业文化与学术文化的融合；开展各种类型的创业活动，构建各学科之间相互融合交流的校园文化，将创业文化渗透到教学的每一个环节，加速创意的产生以及转化；在提供创业资金的同时还构建了创业所需的社会关系网络，通过 Evobis、Idea Award 等商业计划大赛提供创意展示平台，不断激励学生自主创业，激发创业灵感；多渠道拓展外围资源，搭建交流合作和互助的平台，积极联系校友资源，构建校友联盟，实施“导师辅导咨询计划”，通过校友企业家的指导、分享创业经验，让学生通过创业网络获得人脉资源、职业经验和资金支持。

第三节　国内高校创新创业教育生态系统的构建实践

广东工业大学以“强化创新意识、训练创造能力、植入创业基因”为创新创业人才培养理念，立足发挥自身学科优势，依托机械、计算机、信息、电子、材料、化工、设计等学科基础，在创新创业人才培养中找准定位，重新整合资源要素的生态位，加强对学校现有资源的利用和特色资源的加工，着力培育依托专业基础创新的科技型创新创业。学校深度融合地方产业经济，多维协同政府、产业、粤港资源，成立创新创业学院，打造创新创业空间，着力于课程体系创新、实践教育创新、导师结构创新、平台协同创新、资金扶持创新，构建新型创新创业教育体系。

一、搭建多层互融的课程链条，促进专业教育与创新创业引导的融合

当前高校创新创业教育依托传统模式，大多分为理论教育、创新实践、创业实践三大模块，但各大模块衔接不紧，脱节的现象较为严重，导致各种课程资源生态位出现完全分离现象；依托专业知识的创新教育环节薄弱，创新创业课程零散甚至缺乏，课外创新实践训练环节没有深入结合课内专业理论知识；专业理论教育、实践训练未能很好地与创新创业教育互融。教育内容过于陈旧，与市场需求、产业发展和学术前沿的要求差距仍然较大，导致在创新创业教育中专业理论资源被“侵占”，不符合当前创新创业教育对课程培育体系构建提出的新要求。舍弃专业教育开展创新创业教育，是舍本逐末。紧紧围绕专业课程教育，开拓专业创新思维，是当前创新创业课程体系改革的重中之重，也是培育科技型创新创业的基础。结合专业教育，设置创新创业通识课程和实践课程，将这三大模块有机融合，形成课程体系，一方面能有效解决专业教育与创新创业教育结合不牢的问题，另一方面也是实现创新与创业衔接的有效手段。

学校坚持实施课程资源分离策略，根据专业学科特点及不同阶段的特色化、个性化需

求，重置专业教育与创新创业教育资源的生态位，构建了“专业创新课程—公共创新创业课程—实践创新创业课程”链条，有效避免课程教育资源的高度重叠，同时实现不同资源的有效补充。其中，专业创新课程即依据学科特点设置以专业为基础的创新课程，以启发专业创新思维为主，力争形成专业知识创新基础。比如，设置“专业创新导论”“专业创新思维”等课程，将创新思维融入教学各个环节。公共创新创业课程一方面依托学校通识教育中心开设面向全校学生的公选课，以培养创新创业思维、开发创新创业潜能、培养创造能力为主；另一方面针对有创新创业需求的群体开设创新创业班，依托创新创业学院开设理论课与成体系讲座为主的课程，以培养学生开展创新创业项目时所必需的业务能力为主。实践创新创业课程以创新训练项目、教师科研项目、协同平台研究项目为基础，实行校内创新实践导师、平台工程师、企业导师等多导师指导，开展实践创新创业课程教育，重点培养学生以专业为基础的创新创业实践能力。而在创新创业教育的组织模式上，学校实施了校企联合班、创新班、创业班等多种模式。比如学校与东莞松山湖国际机器人产业基地、我国香港科技大学机器人研究所联合创办的“粤港机器人学院”，采取了依托机械、自动化、电子为基础的专业基础教育，制订多套个性化人才培养方案，培养面向机器人、智能装备及其现代制造服务业的专门人才，在社会上引起广泛赞誉。

二、搭建多级递进的平台链条，促进校内资源与校外资源的聚合

平台是创新创业活动的根据地，是培育创新创业的摇篮。针对不同类型的创新创业，构建不同层次的平台，营造不同主题的氛围，授予不同层次的教育，是创新创业多元化的需要。在创新创业过程中开展创新创造活动，将创意转化为产品时，必须有相应的场所和设备，这是培育创新创业的最基本硬件需求。高校具有丰富的课堂资源，然而在面临时代发展提出的新命题—培育科技型创新创业时，明显出现包括物理空间、设施设备等资源上的缺乏和活动形式上的“不吻合”。特别是当创新创业开展与产业前沿、市场前沿、科技前沿结合紧密的创新实践时，高校实践平台严重落后已成为开展创新创业教育资源中的短板，严重制约创新创业教育的有效开展。

根据创新创业项目不同孵化阶段的时间错位，学校整合校内外资源，实施创新创业孵化平台资源的时间错位分离策略，构建“学院创新创业工作室—学校创新创业学院—粤港澳台孵化平台”逐级孵化平台链条，在不同孵化阶段提供差异化的梯度结构资源。在学院层面，设置创新创业工作室、教师科研实验室和大师工作室，学生可以根据自己的需要申

请进入开放实验室开展创新兴趣实践，也可进入其指导老师实验室开展科研实践。在学校层面，搭建创新创业空间和创新创业训练与孵化基地，设置“互联网”工作室、机器人工作室、无人机工作室、高性能导航芯片工作室等，遴选出的优秀创新创业团队可进入各工作室使用相关设备开展创新实践。学校还引入政府、产业、金融、社会各界培训资源开展创新创业教育服务，承办并组织学生参加各类创新创业竞赛提升创新项目质量，以促使创新项目成熟后推送到协同创新平台孵化。在孵化平台方面，学校整合了广州国家现代服务业集成电路设计产业化基地（简称“广州国家 IC 基地”）、东莞华南设计创新院、佛山广工大数控装备协同创新研究院、我国香港科技大学霍英东研究院等校内外协同创新平台作为孵化平台，为学生创业孵化项目提供场地、风投资金以及“企业导师+校内导师+基金池+推广平台+服务团队”等各项创业服务，帮助学生团队将创新创业项目推向市场。目前，学校已有 80%以上的学生通过各类平台参加创新实践。在学校层面搭建的创新创业训练与孵化基地上，已入驻创新项目近一百个、在孵化创业团队一百多个、已注册公司几十家。公司一旦能抵御市场竞争，就将进入市场参与竞争。

三、搭建多元互促的导师链条，促进课堂教育与产业思维启蒙的配合

高端师资队伍是高素质创新创业人才培养的核心要素，没有高端人才的引导，创新创业就无法向上开阔国际视野，向下掌握市场需求，向外了解产业规律，向内提升科技水平。当前创新创业导师若还是从高校直接走向高校，产业思维、企业运营、市场运作等视野和教育技能必然存在局限性。高校应开放协同，与科技界、产业界、金融界等深入融合，引进或柔性引进各界导师开展创新创业教育。同时，对于创新创业的不同阶段，配备不同类型的导师予以指导，从课程、实践到创业等各阶段，辅以专业的导师辅导，促使创新创业顺利走完创意、创新到创业全过程。

学校根据生态位扩充理论，通过强化校内现有师资的利用与培育，挖掘校外优势特色师资以适应实践教育发展的需求，挖掘教育师资生态位的潜力，从而拓展创新创业教育师资的生存空间，提升教育师资的服务效用。学校充分利用校内优秀师资、校外资深创业指导专家学者、协同创新平台专家、粤港产业界精英、我国香港特区高校师资、成功创业校友等资源，构建了“校内教师-产业讲师-培训导师”链条。其中校内教师教导理论知识，指导技术创新、实践竞赛；产业导师注重指导创新实践，侧重产品开发；市场导师培训企业运营、市场运作等内容，扶持创业实践等。目前，学校各类导师人数达到几百人，包括

芬兰设计师协会主席、美国著名芯片公司首席设计师、粤港澳公司企业高层领导以及我国香港科技大学霍英东研究院、广州国家IC基地等协同创新平台的高学历工程师。比如，创新创业学院引进美国硅谷著名手机公司低功耗芯片主创设计师，其立足高端芯片领域培养学生的产业意识和创新意识，所培育的学生团队开发出兼具创新度和市场潜能的作品，荣获全国“挑战杯”竞赛一等奖。该产品不仅打破了国外对我国导航芯片市场的控制，对提升我国该领域的研发技术水平也具有重要的参考价值。该学生团队通过学校市场导师的培训和指导，获得与广州交通信息行业骨干企业的合作机会，顺利注册了公司。

四、搭建多阶协同的实践链条，促进创新实践与创业实践的契合

创新实践推动创业实践，创业实践以创新实践为基础，这是构建以科技创新为基础的创新创业教育生态系统的重要组成部分。创新创业实践教育要着重探索教学实践，科技创新和创业孵化的有机融合。高校应以专业为基础，以兴趣为导向，通过提供创新创业空间和设施设备，引导青年创新创业，将知识创新转化为技术创新，将创意转化为现实产品，进而通过培训、竞赛催熟项目，最后将创业项目输送到孵化器孵化转化，完成以创新为核心的实践育“客”全过程。而在创新创业实践上，高校要深化创新创业教育改革，在专业理论课堂授课上做“减法”，在基于专业基础的创新创业实践上做“加法”，全力支持学生开展基于专业创新的创新创业活动，尤其要考虑将学生创新创业活动纳入人才培养方案。

应根据创新创业项目实践路径呈现多元化，采取种类错位的实践路径资源生态位，以不同的实践要素汇聚资源，实现创新创业生态系统内部稳定有序的能量流动，从而保证创新创业项目的良性成长。学校依托多级平台构建“创新创业兴趣项目—创新创业实践竞赛—创业实践与孵化”链条。依托学院教师科研实验室、校内协同创新平台以及粤港协同创新平台提供的基于企业实际需求的研究项目，引导教师指导学生申报大学生创新创业训练项目，并依托实验室和创新创业空间，将训练项目提升为创新创业项目。同时，学校组织优秀学生项目参加“挑战杯”“创青春”系列竞赛，“互联网+”大学生创新创业大赛，“两岸四地创新创业大赛”等各类国家省部级竞赛竞技活动以及参加“创新实践挑战营”“科技创新实训营”等实习实调活动，打磨及催熟学生创新创业项目。对于在竞赛和实践中产生的优秀项目，通过组织成果展、创新创业成果交易会等方式，助其成功融资并落地到协同创新平台进行孵化。学生兴趣项目来源于企业或协同平台科研院所，项目孵化后服务于企业，学生创新项目新、创业成功率高。

在创新实践的保障激励方面，学校通过制定《创新创业保障与激励办法》和《创新创业学分互换及认定办法》,搭建了学生参与科技创新活动及创业竞赛的实践保障和激励体系。学生通过创新创业实践，按照程序在获得学校或学院专家委员会答辩认可后，可申请课程免修，甚至直接折换为学分，这极大地鼓励了学生投入创新创业实践活动，促进了专业教育与创新创业实践的有机融合。

五、搭建多方互补的资金链条，强化面上覆盖和全过程扶持的结合

对创新创业的培育需要耗费大量的资金。对于创业而言，成功者凤毛麟角，面对大学生科技型创新创业的培育难度更大，在兴趣项目培养、创新竞赛资助、创新成果培育、创业天使扶持等方面需要投入更多的资源。比如，对于建设的创新创业空间和购置的设施设备，高校均无偿提供给学生创新创业使用，这与社会机构创建的以盈利为目的创新创业空间相比，高校需要投入更多的资金。因此，高校虽然承担着培育创新创业主力军的重任，但是对创新创业资源的投入却是捉襟见肘。高校需把握经济社会创新驱动发展的机遇，协同全社会资源，共同支持大学生创新创业培育。

根据生态位协同进化策略，创新创业教育生态系统是立体化和动态平衡的，只以高校为核心的教育系统内动力的强劲，或者只以社会和政策支持的外动力的迅猛，都无法单方面促使创新创业生态系统的长期和谐稳定，一定要内外系统在良好沟通的基础上产生协同驱动的原动力。例如，系统内动力促进创业者创业知识和能力的充实，而系统外动力为创新创业者提供良好的社会文化、经济支持环境，给予所有的创新创业者机会试探、失败、等待。同时，注重为创业失败者创建支持和援助平台，打造集物流、金融、商务、信息服务及法制环境于一体的创新创业协同产业链。为了让年轻学子在校内受到的创新创业教育与社会创业环境实现平稳过渡和无缝接轨，在学校创新创业教育生态环境相对平衡的情况下，完善的资金支持显得尤为重要。

学校整合多方资源，从政府、产业界、校友。金融界等多方募集筹措，构建“创新创业训练专项基金–前孵化基金–天使基金及风投基金”链条。目前，学校建立和募集的创新创业培育基金有：大学生（创新）项目资金和创新创业竞赛资金 1 000 万元/年，支持学生创业天使基金 500 万元，协同创新平台扶持资金 1 500 万元，政府、企业、校友募集扶持创新创业资金 2 000 万元，另有包括粤港在内的社会风险投资资金 1 亿元。在创新创业资助上，学校既强调从面上覆盖大批量学子，从实践，专利、论文等方面资助和引导学生参

与创新启蒙、创新实践、创业实践，又注重对有前景的重点创新创业项目进行全过程的培育和资助，针对重点时段和关键节点予以扶持。

当前，创新创业教育在全国各地燃起星星之火，在政府的支持和市场的牵引下，必将形成燎原之势。然而创新创业教育中许多深层次的问题还将在实践中逐步呈现出来，接下来要在实践中努力形成四个方面的新突破：一是探索学科专业和创新创业导向相融合的人才培养结构改革，让专业教育植入创新创业基因；二是探索“互联网+”背景下创新创业教育的有效方法，推动课程和教学方法改革与创新，构建以能力为考核标准的学生评价体系；三是在经济新常态下，强化创新创业导师的能力建设，探索“可进可出”等开放性、多模式师资队伍建设；四是探索弹性学制的有效操作方法，为创新创业人才实现人生理想提供有效制度保障等。

第六章　高校创新创业教育生态系统构建研究的成效与展望

研究和建设良好的生态系统是创新创业教育发展的必然趋势和必由之路，也是我国高校创新创业教育变革的重要方向。国内外学者都已认识到高校创新创业教育生态系统建设的重要性并给予了高度关注，也积累了一定的研究成果。但当前关于高校创新创业教育生态系统，尤其是对具有中国现代特色的高校创新创业教育生态系统建设的研究仍处于探索阶段，还有很多亟待厘清的问题。高校创新创业教育生态系统是指以培育学生创新创业精神和能力为根本指向，以高校为中心，以课程为主导，多主体、多要素协同的，具有鲜明内生动力性、可持续发展性、自我调节性和互利共赢性的育人系统。构建这种生态育人系统是国内外高校创新创业教育共同面临的使命与挑战。基于此，我们根据国家经济社会发展的需要和高校创新创业教育发展实际，对我国高校创新创业教育生态系统建设研究的价值、发展阶段、主要成效和发展空间作初步探讨，以期为我国高校创新创业教育生态系统的理论研究与现实建设提供一种可行性思路，切实服务于我国创新型国家建设战略。

第一节　我国高校创新创业教育生态系统构建研究的价值

一、高校创新创业教育生态系统建设研究的必要性

首先，现代高校创新创业教育生态系统建设研究具有十分重要的时代意义。尽管我国发展创业教育的最初动机来自对严峻就业形势的现实考虑，但随着创业教育的实际开展及其外溢效应的不断增强，从学术界到党中央、国务院乃至全社会，都深刻认识到了现代发展创新创业教育的重大意义。“两个一百年”奋斗目标和中华民族伟大复兴中国梦的实现，归根结底要靠人才，尤其是创新创业型人才，而创新创业型人才的培养要靠高水平的创新创业教育。正是在这个意义上，2015 年《国务院办公厅关于深化高等学校创新创业教育改革的实施意见》明确指出，“深化高等学校创新创业教育改革，是国家实施创新驱动发展战略、促进经济提质增效升级的迫切需要，是推进高等教育综合改革、促进高校毕业生更高质量创业就业的重要举措”，强调要“推进教学、科研、实践紧密结合”，最终努力“形成全社会关心支持创新创业教育和学生创新创业的良好生态环境”。可见，高校创新创业教育

生态系统建设承载着鲜明的国家意志，服务于国家重大战略发展需要。因此，高校创新创业教育生态系统建设研究具有十分重要的时代意义。其次，高校创新创业教育生态系统建设研究是创新创业教育研究的重中之重，这是因为创新创业教育生态系统是创新创业教育更高甚至是最高的水平和阶段，也是创新创业教育本质规定性的充分体现。创新创业教育不是某类或某种教育，不是局限在某个阶段或领域的教育，而是整个教育的整合性产物，是现代教育基本的、核心的范式与模式。它无疑是一套极其复杂的系统工程，系统性是其本质属性。创新创业教育生态系统这一概念的提出意味着学术界对创新创业教育本质的认识更加深刻和具体，又因高校始终是国内外创新创业教育重点关注的领域，为此，高校创新创业教育生态系统建设自然处于创新创业教育研究的首要地位。

二、高校创新创业教育生态系统建设研究的紧迫性

一方面，推进高校创新创业教育生态系统建设这一专题研究的紧迫性源于我国高校创新创业教育生态系统建设实践迫切的现实需求。当下我国高校创新创业教育由“自上而下”的“推动式发展”进入改革“深水区”。人们越来越清楚地认识到，创新创业教育的核心任务是培养专业人才，这不能仅通过课程、项目等单一要素独立实现，也不能仅依靠政府、高校、企业等单一主体独自完成，而是要从生态系统入手，立足顶层设计、参照整体发展。但从创新创业教育目前的发展实践来看，我国尚未形成良好的生态系统，这个问题突出表现为创新创业教育顶层设计不力、要素联动不够、主体协作不密、发展动能不足、体制机制不畅、育人成效不高等。这迫切要求我们在理论上深刻阐释创新创业教育生态系统的本质及建设目标，把握其建设的基本经验和规律。

另一方面，与国外高校在创新创业教育生态系统建设上的研究进展相比，我国仍存在一定差距，亟须推动相关领域的研究进程。全球化时代的人才竞争已经超越了国界。在这一背景下，我们要积极推进高校创新创业教育生态系统建设，确保我国在培养大批创新创业型人才方面具有明显的国际优势，为中华民族的复兴和崛起提供重要支撑。国外尤其是发达国家针对高校创新创业教育生态系统建设的实践探索和理论研究起步较早、先发优势较强，一些国际一流高校的创新创业教育生态系统已经建成并卓有成效、颇具特色，在理论研究方面也取得了重大进展，形成了一些颇有影响力和实效性的理论，如亨瑞·埃茨科瓦茨（Henry Euxkowitz）的“三螺旋”关系模型、卡尔·J.施拉姆（Carl·J.Schramm）的创业方盒理论、迈克尔·L.费特斯（Michael·L.Fetters）的创业教育生态系统建设“成功

要素”论等。怎样在学习国外成果的基础上形成更符合我国国情与特色的创新创业教育生态系统建设理论，成为一个亟待解决的重要课题。

第二节 我国高校创新创业教育生态系统构建研究的发展阶段

一、起步阶段：创业生态系统范畴下的创业教育生态系统研实（2005—2011年）

创业教育生态系统建设研究的起点一般可以追溯到 2005 年。这一年，凯瑟琳·邓恩（Katharine Dunn）在分析总结麻省理工学院的创业教育时，提出该校已形成创业生态系统，并阐释了其构成及运行机制。同年，《求是》杂志发表《实现江西崛起的创业教育思考》一文。该文对江西省十分缺乏创业人才、创业文化不浓等现状进行了分析，并提出解决问题的根本途径在于“建立系统和谐的创业教育生态环境”。此后也有一些论文涉及创业生态系统的研究，但数量很少。这些研究或是关注了创业生态系统的本质、独特属性与运行机制，或是对以麻省理工学院为代表的国外高校创业生态系统进行了样态分析，或是基于生态系统理论分析了其对高职院校创业教育的启示等。这些研究为后续研究的深化提供了一定的基础，尤其是比较明确地界定了“创业生态系统”的本质内涵。但总体而言，此阶段的研究成果尚未真正实现从生态系统理论出发去系统研究高校创业教育实践问题。换言之，该时期的创业教育生态系统研究被遮蔽在创业生态系统研究以及创业教育相关研究范畴之下，且很大程度上存在将创业生态系统简单等同于创业教育生态系统的问题，但实质上，创业生态系统与创业教育生态系统之间有着较大差别。

二、转换阶段：从关注创业生态系统转向创新创业教育生态系（2012—2015年）

2010 年 5 月，教育部印发了《关于大力推进高等学校创新创业教育和大学生自主创业工作的意见》，首次在国家文件中提出“创新创业教育”这个颇具中国特色的概念，并迅速得到广泛认可。此后，学术界开始意识到并深入研究了创业与创新创业、创业教育与创业者教育、创新创业教育与传统创业教育等的异同问题。这样的政策背景与理论审视也有力激发了学术界对创新创业教育生态系统建设问题研究的热情，明显的变化发生在 2012 年。从这一年开始，越来越多的论文实质性聚焦创新创业教育生态系统研究。虽然还有相当一部分论文没有较好地区分创业生态系统与创新创业教育生态系统，但学术界以及实践者都开始注意在把握二者的异同与辩证关系中深化研究。这一阶段的成果主要有三类：一是尽可能审慎而准确地研究国外高校创新创业教育生态系统的构成与建设路径，但主要聚焦于麻省理工学院、斯坦福大学等世界一流高校。二是深化生态系统理论视域下的创新创业教育研究。三是立足我国国情尤其是国内高校创新创业教育的现状展开研究。总体上，这一阶段的研究成果在数量上显著增加，在主题上越发凸显从生态系统的角度理解创新创业教育问题，在理论深度上也呈现不断深入的趋势，这些都为后续加强创新创业教育生态系统的普适化、中国化研究奠定了理论基础。

三、深化阶段：从创新创业教育生态系统的普适性研究向彰显中国特色拓展（2016年至今）

2015年，国务院明确提出建设创新创业教育生态系统的战略目标与任务后，相关研究得到进一步发展，热点不断涌现、质量显著提升。这主要表现在研究成果显现出了较强的普遍性与适用性。此后，一些创新创业教育研究的核心团队开始关注高校创新创业教育生态系统建设问题，并产出了一批具有中国特色的研究成果。如徐小洲教授团队在其承担的国家社会科学重大项目“经济转型升级中的创新创业教育研究”中，将“创新创业教育生态系统建设”列为子课题之一，并根据国际创新创业教育发展趋势和我国创新创业教育承载的历史使命，构想出贯通2020—2050年的中国创新创业教育生态系统建设四大战略发展期。黄兆信教授团队也把创新创业教育生态系统建设作为重要论题，提出了一些颇具影响力的理论观点与实践策略，并探索建构了符合我国不同区域高校的、涵盖“关键主体、支持群体、环境要素”的动态闭环结构的创新创业教育生态系统。王占仁教授团队在综合分析我国基本国情和教育政策导向的基础上，结合国内高校创新创业教育平台整合、科研成果转化、以赛促教和相关资源配套支持等具体情况，提出了全面契合我国创新创业教育发展模式、有效发挥国家主导优势的“内合外联”式创新创业教育建设模式。总体而言，这一阶段在继续深化前两个阶段的主要论题基础上，突出强调要深入研究更符合中国国情、具有中国特色的高校创新创业教育生态系统建设模式。

第三节 我国高校创新创业教育生态系统构建研究的主要成效

一、相关的基本理论问题初步达成共识

随着我国创新创业教育实践的持续发展以及相关研究的不断深入，越来越多的学者认识到创新创业教育生态系统与创业生态系统有质的差别，与过去我们所理解的传统的创业教育也有较大不同。

第一，学术界越来越强调创新创业教育生态系统本质上是一个育人系统，这是其与创业生态系统的根本区别。这种育人不是一般性的“培养创业者”，而是要切实落实国家关于创新创业教育“面向全体、分类施教、结合专业、强化实践”的要求，从根本上有效培育全体学生的创新创业精神与能力。

第二，学者们更加一致地认识到创新创业教育生态系统的建设应以高校为中心。主体的多元性是生态系统形成的基础，但仅仅多元而没有核心主体也难以形成生态系统。创新创业教育生态系统的核心功能是育人，高校是育人的主体和主阵地，因此，以高校为中心统筹各主体的资源和力量，发挥育人合力是符合创新创业教育本质规律的。

第三，相关研究者突出强调创新创业教育生态系统应以课程体系为主导。生态系统有多个要素，但要达到全面育人的根本目标，仅仅依靠创业孵化、活动培训、资金扶持等是难以实现面向全体、结合专业的要求。只有在课程体系（包括融入武专业课程体系、创新创业通识课程体系和实习实践课程体系等）主导下实现多要素协同，才能真正做到育人对象全员化、育人环节全过程。

第四，研究者比较一致地认为创新创业教育生态系统应该充分体现“生态系统”的一般属性。这一属性主要包括四个方面：一是内生动力性，即各主体要有开展创新创业教育的内在渴望才能形成合力，这是生态系统的本源动力。二是互利共赢性，即推动生态系统运行的各主体、各要素在追求本体价值的同时也要兼顾其他参与者的利益诉求，这是生态系统的核心价值。三是自我调节性，即任何生态系统都有自我维持、修复和更新的功能，这是生态系统的本质规定。四是可持续发展性，即创新创业教育生态系统建设必须既能立足现代，又能着眼未来，这是生态系统发展的长远要求。

二、形成了三个主要研究论域

一是国外高校创新创业教育生态系统建设典型案例研究。有关研究集中讨论了斯坦福大学、麻省理工学院等美国高校的单个案例，也有研究初步阐述了加拿大瑞尔森大学、瑞典隆德大学等其他国家的典型经验，重点阐释了不同模式的课程体系、运行机制、师资队伍、创业项目以及学生社团等问题。还有学者进行了跨案例比较研究，如有学者通过对斯坦福大学、慕尼黑大学及南洋理工大学的比较分析，总结了强化教研训练结合、构建动态化网络组织、建立良好的内外部互动机制等经验。二是对我国高校创新创业教育生态系统建设现状进行研究。通过研究，学术界达成了一个共识，即我国高校创新创业教育生态系统建设各要素之间的关联不够紧密，协调性和一体化程度低，如存在实施理念碎片化理解、实施方式强制性割裂、实施过程松散性推进等问题。三是高校创新创业教育生态系统建设路径研究。学者们对高校创新创业教育生态系统建设目标、理念、策略、原则等都进行了广泛的探索，形成了诸多研究成果。有学者强调要聚焦于创新型人才培养，这与21世纪我国高等教育战略目标相一致；有学者认为要基于我国及地方的创业文化来探索高校创新创业教育生态系统建设的策略；还有研究者探索了体现地方特色的建设模式。此外，还有一些学者在研究创业型大学、创业生态系统、创业教育的产学研支撑体系时，对创新创业教育生态系统建设问题也有所涉及。

三、研究的创新性有了较明显提升

一是方法创新。起初多数研究者主要采用理论分析法进行研究，近几年，越来越多的学者注重理论与实践相结合，恰当地将实证研究方法运用到高校创新创业教育生态系统建设研究之中。比如有学者在扎实有效的实践探索和案例分析基础上深入研究了我国高校创新创业教育课程生态系统的建设路径；有学者在严谨的质性访谈基础上，采用扎根理论、建构模型等方法，提出了更有针对性、实效性的高校创新创业教育生态系统建设策略，并尝试构建了我国高校创新创业教育生态系统建设的“关键要素结构模型”；还有研究者综合运用访谈研究、问卷调查、专家遴选和指标隶属度分析等方法，尝试构建了我国高校创新创业教育生态系统的量化评价指标体系。二是话语创新。学者们在注重学习借鉴国际经验的同时，积极推动具有中国特色的高校创新创业教育生态系统建设研究的话语创新。比如有学者提出了“面向2050的创新创业教育生态系统建设的愿景”问题，强调中国特色高校创新创业教育生态系统筹建设要遵循“创业性与教育性相融合”的建构逻辑，关注产教融合的地方高校“创新创业教育共同体”建设等问题，探讨了师生共创的“双螺旋模式”等高校创新创业教育生态系统建设新模式，阐释了“互联网+创客教育”等高校创新创业教育生态系统建设新生态等。

总体来看，我国学术界已开始重视创新创业教育生态系统建设研究，尤其是在国外相关案例研究与启示借鉴方面有了一定的积累，但我国有着特殊的国情、文化、教育体制和政策环境，我们的创新创业教育生态系统建设不能机械地照搬国外相关经验。如何考虑这些特殊性，建设符合我国实际的、与创新创业型人才培养目标紧密结合的、更具操作性的创新创业教育生态系统仍有很大的研究空间。目前，我国高校创新创业教育生态系统建设研究主要存在以下四个方面的问题：一是基本理论研究还不够全面深入，对创新创业教育生态系统建设的核心概念、必要性和可行性理论基础等的研究还比较薄弱，仅关注了创新创业教育课程、师资、实践平台等显性因子的分析，忽视了深层次的理念与制度、运行机理与模式、关键要素与结构模型等问题的研究。二是缺乏对我国高校创新创业教育生态系统建设的全面调研分析。目前，我国高校创新创业教育生态系统建设的现状和问题分析主要是经验体悟式的，因此，我们迫切需要开展全国范围的深度实证调查，切实分析问题及成因。三是中外比较的维度过于单一，主要是对典型高校创新创业教育生态系统建设现状的介绍，缺乏对高校、企业、政府等关键主体建设策略的分析，缺乏多案例研究基础上基本模式、经验与规律的研究。四是对策性研究多是宏大叙事，研究的维度和深度都有待加强。基于此，未来我们应该紧密结合我国实际，紧扣创新创业型人才培养目标，深入研究创新创业教育生态系统建设的顶层设计、主体协作、体制机制等关键问题。

第四节　我国高校创新创业教育的发展趋势

一、大学生创新创业素质培养的教育供给侧改革

经济活动的两大基本因素是供给与需求。供给主要是指资源（土地）、资本、劳动力（企业家才能）及技术等生产要素之间的相互配合；需求通常是指经济增长的“三驾马车”，包括消费、投资和出口。供给和需求互为条件，没有供给的需求和没有需求的供给将导致通货膨胀或产能过剩。两百多年前，经济学家萨伊提出供给创造需求的定律，在“凯恩斯主义”的盛行下，供给学派的观念被否定，但仍然得到螺旋式上升发展。目前，我国经济存在有供给无需求、有需求无供给和供给的低效率三个方面的供需失衡。经济发展的主要问

题出现在“供给侧”，资源配置低效率无法满足当前经济新常态发展的要求。因此，2015年底，中央提出要去产能、去库存和降低成本等任务；2016 年初，在中央财经领导小组会议上，习近平总书记首次提出要加强“供给侧”结构性改革，在扩大社会总需求的同时，提高“供给侧”的质量和效率。所谓“供给侧”改革是相对于“需求侧”改革而言，从供给方面入手进行的改革，通过生产要素的重新组合，推动生产力水平跨越发展。生产要素重新组合不是依靠行政因素，而是充分发挥市场的调节作用，由市场来决定供求，破除生产要素体制障碍，由企业根据市场变化来决定生产运行项目。但“供给侧”改革需要政府通过政策引导、监管约束和提供公共服务进行。政府通过财政方面的税收减免政策引导企业行为，如开征环境污染税，减免企业和个人所得税，将生产要素从落后、过剩的产业中剥离出来，提高生产要素供给总量；通过监管，规范市场行为，解决市场失灵现象，弱化政府对劳动力市场的监督行为，将劳动力归还给市场；政府需通过提供公共服务来解决企业无法做到的事情，为生产要素的合理配置提供公共服务保障，为企业提供决策支撑。

（一）教育供给侧改革的提出

“教育供给侧改革”的核心是扩大优质教育资源供给，优化教育资源配置，为受教育者提供更多、更好的教育选择，为其未来发展奠定最宽厚的基础，创造最丰富的可能性。围绕当前人才培养供需之间的结构性矛盾，推动高校教育的供给侧改革是主要的举动。教育供给侧改革正因互联网的发展而发生深刻变化，高校也将面临前所未有的战略机遇和挑战。教育领域被以互联网为代表的信息技术跨界渗透，呈现的系统性、规模化、数字化、个性化等都是教育变革应具有的特征。随着教育供给侧改革发生前所未有的结构性变化，教育的效率随之提高，教育的质量也随之提升。教育其实就是人才的供给和教育资源的供给，加强教育的供给侧改革才能够满足不同的教育需求。

1.高校视角下的“供给侧”改革

（1）高校“需求侧”改革存在的问题

目前，教育结构失衡、两极分化严重、资源分配不均衡、专业设置雷同性大等问题正困扰我国各个高等院校，这将导致高校无法适应社会现实需求的发展。同时，传统“需求侧”改革促使高校片面追求规模和学科门类的大而全，但师资力量、教育教学设施等严重不足，影响人才培养质量，体现出大学生培养质量与市场需求脱节的缺陷。另外，高校创新能力不足，能潜心从事教学科研工作的教师较少，处于低水平研究状态，很多教育工作者自己没有创业经历，无法高效地介入市场。

（2）高校“供给侧”改革的要求

当前，虽然一些高校办学标准严重超标，但相关教育部门仍然不断加大资金、师资和教学设施设备的供给，投入得不到有效监督，投入效果没有相应的评估机制。因此，应改革高校“供给侧”的一些突出问题，促进教育公平发展，提高教育质量。在新的历史条件下，“供给侧”改革需要从规模、数量上转向注重教育质量、效益和创新能力的提升。首先，优化教育结构，从专业设置入手，优化高校内部结构，从宏观上合理布局高校资源，使高校人才培养符合市场和地方经济发展需求。其次，注重内涵式发展，提高教育质量，改进教育教学方法，改革重心从传统模式转向人才培养模式，把人才培养质量作为教学的主要目标，改变对教师的单一评价制度，实现教学与科研并重，注重培养学生的动手实践能力和创新能力。再次，注重对高校办学效益的评价，建立相应的评价体系，把有限的资源运用到效益较高的学校，引入市场资源，扩大办学资源的渠道，提高资源的利用效益。最后，走创新发展的道路。习近平总书记提出创新、协调、绿色、开放和共享发展理念，其中，创新处于首要地位，创新是“供给侧”改革的必由之路。高校作为创新的主要阵地，应主主动承担创新使命，加强机制体制创新，建立创新、创业文化，引导大学生树立创新思维，实现高校整体变革。

2.大学生自主创业视角下困境分析

（1）大学生自主创业困境分析

第一，大学生创业缺乏资金和相应的社会资本，并且大学生的抗风险能力差。一方面，很难获得银行信贷支持；另一方面，对风险投资缺乏足够的责任心。第二，大学生创业知识和经验都不足，学校很少专门开设创业课程或创业培训讲座，大部分大学生创业没有任何创业知识和经验，所以他们在创业时通常选择风险较小的传统行业起步。第三，大学生没有创业市场及社会方面的经验。在不了解市场的情况下盲目投资，缺少必要的发展计划和操作经验，不了解消费者需求，会导致产品不能适销对路，一旦受到挫折，他们通常十分茫然，没有应对挫折的能力。第四，现有的创业环境有待进一步完善。目前，虽然国家鼓励大学生创业的政策相继出台，但从总体来看，大学生创业还受到很多条件和观念的阻碍，与发达国家的成熟创业环境相比，我国创业环境在资金、政策和创业教育和培训等方面都有待完善。

（2）大学生就业困境分析

在目前就业人群中，除了应届大学生，还有往届未找到工作的大学生以及“供给侧”改革背景下的结构性改革所带来的企业下岗人员，诸多原因导致就业形势严峻。与此同时，许多企业却招不到合适的员工，专门技能型人才的岗位空缺，招工难与就业难并存，究其原因是人才质量的培养形式与社会需求不匹配。当前，高校专业及课程设置雷同，缺乏特色专业，不能按照社会需求变化调整专业设置，与企事业单位的需求脱节，不能将行业发展的最新东西传递给大学生，让大学生按照未来就业岗位要求完善自我，提高就业竞争力。另外，很多高校就业机构设置也没有完全适应社会经济发展需求，对大学生的职业生涯规划、职业素质训练还比较薄弱。除此之外，大学生就业观念也存在问题，许多大学生在大学期间没有忧患意识，不能及时了解相关行业的就业动向，导致其人际交往、沟通表达、动手及组织管理等就业能力都很差。

（二）“高等教育供给侧改革”核心与内涵

从经济学的角度来看“供给侧改革”就是指从供给、生产端入手，通过解放生产力，提升竞争力，促进经济发展。其核心在于提高全要素生产率，政策手段包括简政放权、金融改革、国企改革、提高创新能力等。其核心方法是提高生产函数中的全要素生产率，具体手段包括制度改革、调整资源配置结构及提高劳动者素质等。经济改革必然引领高等教育的改革，教育部原部长袁贵仁也指出“未来中国的发展，离不开高等教育提供的人才和智力支撑，离不开根植于高等教育的知识创新和技术应用”。高等教育的改革应从高等教育供给的一侧进行结构性改革，“高等教育供给侧改革”一词随中国经济的供给侧改革应运而生，它处在一个突出位置上，将为中国经济未来的行稳致远、劳动力素质的提高发挥重要作用。因此，有必要了解“高等教育供给侧改革”的核心和内涵，做到有的放矢、富有成效。高等教育质量是高等教育发展的生命线，“高等教育供给侧改革”的核心任务是全面提高高等教育质量和效率，其内涵包括教育要面向现代化、面向世界、面向未来，实施高等教育的“优化组合”，提高人才培养质量，推进素质教育和创新创业教育，提升科学研究水平，增强社会服务能力，优化结构，办出特色，将高等职业教育纳入经济社会发展和产业发展规划，促使职业教育规模、专业设置与经济社会发展需求相适应，改进管理模式，引入竞争机制，促进教育公平，实行绩效评估，进行动态管理，转变教育发展理念，创新人才培养模式，深化教育体制改革，确保质量保障评估和现代教育制度建设等成为改革的重点。

（三）创新型人才培养的供给侧改革

2015 年 5 月 13 日，国务院办公厅发布《关于深化高等学校创新创业教育改革的实施意见》（以下简称《意见》），《意见》指出，深化高等学校创新创业教育改革是国家实施创新驱动发展战略、促进经济提质增效升级的迫切需要，是推进高等教育综合改革、促进高校毕业生更高质量创业就业的更高举措。人才作为高等教育供给侧中的重要因素在现代应具备更高的创新水平，要实现“供给侧”改革与创新创业的对接要做到以下方面。

第一，根据经济社会发展需要，对某些学科专业数量进行控制，根据需要增设新专业，发展交叉学科，坚持学科专业有侧重性发展。设立有特色、有内涵的专业学科。对学校现有的学科专业布好局，做好顶层设计，集中建设与学校办学定位和办学特色相匹配的学科专业群，重点建设一批优势、特色、品牌专业，将学科优势与专业建设紧密结合，使二者互相支撑，推动高等教育内涵式发展。世界上一流大学中没有哪一所大学能够覆盖所有的学科专业，要避免所谓“综合性”“全科式”发展，避免高校学科专业上的盲目布点、重复设置、“多而散”的功利行为，建立学科专业设置的预警机制，把就业状况反馈到人才培养环节中来，科学合理设置学科专业，通过教育教学改革，确定专业教学的内容和人才培养的方式。

第二，坚持学生为教育主体，围绕学生特点创新教学模式。结合传统的知识结构与现代化信息技术教育方式，不断调整课堂教学方法，采用互动交流式与课堂辩论式等方法培养学生的批判性思维与创新性思维。充分利用现代信息技术，广泛借鉴国内外高校创新创业教育模式，如美国百森商学院的“强化意识”模式、斯坦福大学的“系统思考”模式与哈佛大学的“注重经验”模式。借探索供给侧改革的东风提升自身创新实力，将我国在创业创新教育的体系方面已有的经验做法推广出去，同时，在借鉴国外的教育模式的基础上，结合自身情况形成提升创新能力的特色化道路。改变考核机制，完成从注重提高学生考试分数到提高学生解决问题能力的思想转变，着重考察和考核学生发现问题、提出问题、分析问题和解决问题的能力。

第三，促进教学与科研同步发展。深入思考和把握研究型大学的建设逻辑，深刻领会研究型大学“在创造知识的过程中培养创造性人才”的辩证关系，有效控制“科研漂移”现象；开展教育思想大讨论，进一步巩固本科教学的基础地位和人才培养的中心地位，努力营造教学文化氛围；加大投入，不断改善教学条件，进一步加强课程群与教学组织建设，着力增强学生的实践能力。李克强总理曾在《政府工作报告》中提出要培育“工匠精神”。“工匠精神”也是增强学生创新实践能力不可或缺的重要品质，通过教育和引导，使学生养成精益求精、追求卓越的行为自觉。注重增强学生实践能力，践行知行合一，提高解决实际问题的能力。

高校要多为学生提供动手机会，与企业、科研院所和政府部门等密切合作，形成社会协同育人的格局。第一，改变高校的课程体系与人才培养策略，将专业教育与创新创业教育结合起来进行教学。高校的课程教育不能只局限于基础理论知识的传授，更要将培养学生创新意识放在重要的位置上。课程体系设置要在夯实专业知识的基础上，将理论与实践相结合，注重创新意识与能力的培养。第二，充分利用社会公共平台，激活高校创新创业动力。在各大高校内部设置创业基地、大学生创业实践园等创业交流平台，开设创业辅导课程，营造大学生创新创业的学习实践氛围。第三，积极开展高校间创新创业交流合作。2015 年 6 月 11 日，清华大学发起并联合 137 所高校和 50 余家企事业单位及社会团体组成中国高校创新创业联盟，旨在整合社会资源，激发高校创新创业动力，让企业与高校实现对接，完善企业为主体的产业技术创新机制，同时带动高校综合创新能力的提升。

综上所述，将创新创业与“供给侧”改革实现对接能够排除“供给侧”改革过程中长期积累下的结构性障碍，高校从培养创新型人才、加强科研成果转化能力等方面着手推动创业创新进而打造经济发展引擎，促进经济在转型中平稳发展。大学生创新创业素质培养的教育供给改革，以立德树人为根本、以中国特色为统领，以支撑创新驱动发展战略、服务经济社会为导向，提升综合实力，引领教育现代化，为国家发展、人民幸福、人类文明进步做出新的更大贡献。

二、“互联网+”形势下的创新创业素质教育

近年来，大学生整体数量呈明显上涨的趋势，这与有限的社会人才需求量之间形成了矛盾，导致很多的高校毕业生在毕业后难以找到合适的工作岗位。在高校毕业生就业辅导教育体系中，开设专门的创业教育课程，教授学生关于创业相关的技能，使学生在毕业后能够开展自主就业，解决社会人才供需矛盾。同时，近年来互联网发展十分迅猛，网上购物、订餐、共享单车等一系列服务行业逐渐盛行并发展起来。以淘宝、微商等为代表的电子商务创业平台，凭借自身低门槛、易宣传、范围广等特点受到了许多创业者的青睐，为

广大的创业者提供了一个很好的创业平台。如今，随着网络经济的迅速发展，网络创业由于其对社会经验及资金需求低等特点，已逐渐成为大学生在就业选择当中一条较为重要的途径，现已成为大学生创业的首选。高校创业教育要想取得良好的效果，就必须紧跟社会时代发展的脚步，将互联网创业引入教学中来，利用“互联网+”的优势作用，使高校创业教育取得创新式发展，为学生谋得更好的发展方向，使学生有更好的就业前景。

所谓的“互联网+”即为两化融合的升级版，将互联网作为当前信息化发展的核心特征提取出来，并与工业、商业、金融业等服务业全面融合。其中的关键就是创新，只有创新才能让这个“+”有价值、有意义。正因如此，“互联网+”被认为是创新 2.0 下的互联网发展新形态、新业态，是知识社会创新 2.0 推动下的经济社会发展新形态演进。通俗地说，“互联网+”就是互联网加各个传统行业，但这并不是简单的两者相加，而是利用信息通信技术以及互联网平台，让互联网与传统行业进行深度融合，创造新的发展生态。

如今我们正处于“互联网+”的时代，在“互联网+”创新创业的时代大潮中，如何对高校学生进行创新创业培养，如何让学生获得更多的实践能力，已成为高校教育改革发展的重心，各高校应该关注“互联网+”对高校创新创业教育所产生的影响，才能更好地改革高校的创新创业教育，才能培养出优秀的人才。

（一）“互联网+”形式对创新创业教育的影响

1.使高校对“互联网+”时代下的创新创业教育更重视

2022 年应届大学毕业生高达上千万，各高校就业创业任务更加艰巨。教育部明确指出“高校毕业生就业创业工作是教育领域重要的民生工程，要求强化就业创业服务体系建设，提升大学生就业创业比例”。大学生自身接受新事物快，利用互联网创业资金门槛低、自由时间支配度高、不受时间地点限制等特点，运用电商等专业知识进行创业具有绝对优势。“互联网+”创新创业的诸多案例如雨后春笋般不断出现，这些成功的案例更应引起高校的重视。

我国融合“互联网+”之后的创新创业教育正处于起步阶段，在高校教育领域中只有少部分院校重视创新创业教学，大多数集中在如何培养技能型人才和学术型人才上，创业意识薄弱。目前，部分高校受国家政策影响、市场经济的发展，已经开始转变其教育办学理念，更加注重创新创业教育，认为创新创业教育不应停留在表面，而应从教学计划、教学方案、人才培养、教学评估等方面进行改革，从而为学生的创业提供很好的知识技能基础。

2.打破了对创新创业教育的认识误区

我国的创新创业教育起步晚，很多大学生对“互联网+”创新创业认知不足，存在认识上的误区，很多学生错误地认为“互联网+”创新创业就是开淘宝店、做微商、产品代购、电子商务等；同时，高校主要培养学生利用和使用互联网来营销、运营的能力。随着创新创业成为国家热议话题，创新创业教育越来越引起大家的重视和关注，因此，“互联网+”创新创业教育要让高校和学生重新认识了解互联网创新创业究竟是干什么的。所谓的电子商务专业只是适合大学生创新创业的方式之一，高校应把创新创业教育作为一种生存技能进行培养和训练，让学生将专业知识与互联网运用能力融合起来，同时，着重培养学生的创新意识、创业能力。

3.使创新创业教育与“互联网+”更加融合

在创新创业教育过程中，“创新创业精神”“专业技能理论”“实践经验”缺一不可。目前，“互联网+”对国家经济及教育的影响巨大。首先，部分高校已开始打造电商校园创业大赛，使学生可以置身创业的实战场景，从而提升创新意识，激发创业动力，为创业成功奠定基础；其次，部分高校还成立了电商创业协会，将创新创业教育与学生社团活动结合；最后，有的学校还实行校企联合办学，共同促进“互联网+”时代下的创新创业教育发展。

4.对教师师资队伍提出了更高要求

在“互联网+”的时代背景下，对现代大学生的创新创业教育的要求会越来越高。那么，对于教师队伍的要求也会相应提高，教师不仅要跟上时代潮流，多接受新鲜事物，还应提高自身的素养、专业知识和创新创业意识等。这就要求老师要和学生一起学习新知识，共同推动“互联网+”形式下的创新创业教育发展。

（二）“互联网+”创新创业教育的价值特征

“互联网+”无形中逐渐渗透到我们的生活中，在我们的生活中每时每刻都可以看到它的身影。它不仅影响和改变了我们的生活与生产方式，而且还产生了大量新的市场需求。这些不仅为我们的创新创业活动提供了巨大的动力，也引发了新一轮的创业高潮，对创新创业教育而言，它为创新创业教育的改革提供了很大空间。在“互联网+”时代，创新创业教育的价值特征可解释为：“互联网+”创新创业教育的价值目标应该顺应“创新、协调、绿色、开放、共享”的发展理念，让大学生们在课堂知识基础上实现全面自由的发展，成为具有创新精神和竞争能力的创业者。

1.夯实专业能力，是“互联网+”创新创业教育的基础

专业能力是劳动者从事所在职业或岗位工作所必需的能力，是个体赖以生存的核心本领。在“互联网+”时代的创新创业教育中，要更加注重对学生的智能软硬件、互联网应用处理等技术手段和工具的培养与实践，增加学生的专业知识，使其能满足学生自身未来的职业发展和社会的需要。同时，这还能提高学生应对专业上的困难的能力，缓解自身的部分社会压力，使学生能够真正有效地激发自己或团队的发展潜力以及提高运用个人或集体智慧破解各种发展“瓶颈”的能力。也就是说，要让学生在创新创业教育中真正夯实专业能力，并将专业能力运用到专业实践、资源获取、跨界融合、创业行动中去，从而在实践中得到更好的锻炼。

2.具有工匠精神，是“互联网+”创新创业教育的核心

为适应经济新常态下我国经济社会发展与产业转型升级带来的新人才观，“工匠精神”被重新提出。“工匠精神”指的是工人对生产、制造、加工的产品精雕细琢、精益求精，追求更完美的工作理念。工匠精神以“打造本行业最优质的、其他同行无法匹敌的卓越产品”为目标。当前，在“互联网+”时代，无论是德国版的“工业 4.0”还是中国版的“中国制造 2025”，都趋向智能化制造、服务型制造、柔性化生产、个性化定制、参与式创新等，深刻反映了这个时代的特征，激发出整个社会的创新、创业激情，促进了传统的生产方式向互联网生产方式的转型。因此，“工匠精神”在更大程度上代表着新的生产理念、创新创业理念、社会共识与社会心理表达。因此，在“互联网+”创新创业教育中，必须注重让学生动手参与创新、创造，树立起对职业敬畏、对工作执着、对产品负责的态度，只有将一丝不苟、精益求精的“工匠精神”融入每一个环节，才能做出打动人心的产品，使“工匠精神”真正刻在学生的心上。

3.增强开放协同，是“互联网+”创新创业教育的关键

“互联网+”及其所推动的产业变革，将会为未来经济带来新的增长点，而且会直接或间接地推动就业、创业、创新方式的变革。这是因为：一方面，“互联网+”其实就是“创新

2.0时代”，以其用户创新、大众创新、开放创新、协同创新等特点促使经济发展模式朝着开放经济、共享经济、创新经济加速迈进，推动新业态、新模式、新技能不断涌现；另一方面，“互联网+”时代我国教育的改革发展方向必然会呈现这样一种价值取向，即通过“互联网+”驱动人才培养，使信息技术利用的“工具”成为教育与社会联通的“道路”，而且“开放化”与“协同化”也将成为教育发展的显著外部特征。这也意味着，“互联网+”时代的创新创业将是一种全新的开放式创新创业模式，增强开放协同意识和能力也就成为关键。为此，各类学校应主动适应科技创新、社会发展和产业升级的需要，更加注重开放协同，更加注重培养学生的能力，使其能够将不同人群、不同机构、不同资源整合到自己的创新创业过程中，从而形成协同效应。

4.促进全面发展，是“互联网+”创新创业教育的目标

各类院校的新使命是为社会培养创新创业者，虽然学术界和实务界对创新创业教育目的有不同认识，但是培养具有社会责任感、创业精神、实践能力的社会公民是创新创业教育的基本功能。“互联网+”时代创新创业教育的终极目标应是促进“全人发展”，充分激发潜能、培养完整个体。一方面，“互联网+”对创新创业教育所产生的影响，不仅是教育理念革新、教育形式重构、教育内容和学习方法的变革，更主要的是对具有“跨界、融合、开放、共享”思维的未来劳动者提出了明确要求，要求学生应具有包括良好的协作沟通、诚实守信、批判思维、竞争意识、风险承担、职业规划以及专业技能等在内的综合素质和能力；另一方面，“互联网+”为学习者提供了更大的个人发展舞台，也提供了自我实现的综合杠杆。因此，以“全人发展”作为“互联网+”时代创新创业教育的根本目标，既符合学生自身发展的需要，又体现了“互联网+”时代对人才的诉求，还顺应了未来社会发展的要求，直接凸显了创新创业教育的内在价值，与“互联网+”所蕴含的逻辑内涵具有内在的一致性。

（三）“互联网+”时代下大学生创新创业教育新模式

1.“立体式”的创新创业教育新模式

从我国创新教育工作的开展情况来看，“立体式”的创新创业教育新模式的主体主要指的是以下三个方面：一是年级；二是学生；三是高校。“立体式”的创新创业教育新模式需要从以下方面入手：一是从不同阶段的学生具有的专业特点、成长特点等入手；二是从不同层次学生具有的专业特点、成长特点等入手，以因材施教为目的，促进教育效果不断

提高；三是从高校特点入手，培养各方面能力较强的优秀人才。

首先，根据年级特点来开设不同课程。一般同一个年级的学生具有的特点基本相似，思维模式、思想等也大部分相同。因此，在初级阶段设置一些非常基础的课程，如“职业生涯规划”“创业基础”等，并有效开展各种课外创业活动，如“小发明”“创意比赛”等，有利于增强低年级学生的自信心和热情。在中等年级设置一些激发学生能力的课程，为他们提供创新创业方面的指导，并让他们了解公共关系、社交活动等，如营销类的课程、管理类的课程等，对于增强学生的创新思维能力、创新素质等有极大作用。在高年级开设一些实习、观摩的课程，如创业实习、就业指导等，可以极大地提高他们的实践积极性，并在教师的辅助作用下增强自身的创业能力，对于全面提升他们的创新创业能力有着重要影响。

其次，根据学生的特点来实施个性化教育。不同的学生有自己的个性特点，因此，在“互联网+”时代下实施创新创业教育，可以利用学生的个性特点来增强他们的创新意识，并提升创业素质，从而在挖掘学生兴趣、爱好等的基础上，促进学生实践能力进一步提高。

最后，根据高校特点来开设课程。我国当前的高校主要分为以下几种：一是研究型；二是综合型；三是应用型。同时，有重点高校和普通高校、理科类型与文科类型两种类型的区分。因此，根据高校的特点来开设课程，有利于选择最合适的教育方法，采用不同的创新创业教育模式，培养各方面能力较强的优秀人才。

2.“三位一体式”的创新创业教育新模式

目前，“互联网+”时代下的创新创业教育新模式，对“三位一体式”比较看重，其主要由以下三个部分组成：一是理论基础；二是模拟实践；三是实践练习。采用这种新模式，不仅能让学生掌握扎实的基础知识，还能通过模拟公司开办流程、上班流程等方式，激发学生的创新创业热情，从而在学生参与各种社会实践和加强校企合作的基础上，真正为高校学生未来良好发展提供大力支持。

3.“网络式”的创新创业教育新模式

在网络非常普遍的现代社会中，创新创业教育者已经对“网络式”的新模式有了新的认识，在一定程度上可以缓解学生因资金不足带来的创新创业压力。目前，“网络式”的创新创业教育新模式主要包括以下几种：一是网络购物；二是“威客”类型；三是网络写手类型；四是网络推手类型等。以网络购物类型为例，根据相关调查和研究发现，网络购物类型的创新创业教育新模式主要包括以下几种：一是自营网店；二是淘宝客服；三是网络模特；四是网购砍价人员；五是淘宝设计师；六是淘客。在不同学生根据自己的实际情况、爱好、兴趣等选择创新创业项目的情况下，他们可以大胆地实践，并且不需要考虑高成本带来的压力和负债等，如某些学生具有 Photoshop、Javasript、PHP 和 DW 等方面的专业知识，并有较强的想象能力、创新意识等，则可以到淘宝应聘做设计师，这不但能发挥学生的专长，还能促进学生社会实践能力进一步提高。

4.“在线课堂”的创新创业教育新模式

在“在线课堂”的教育模式下，上万人可以同时进行学习，并以学生自身的兴趣为主要教学内容，通过网络平台的方式听课。在线课堂大部分都是在网上进行的，不会受时间、地点和空间等的限制，只要有网络就可以学习。同时，还可以回顾以前没听过的内容，十分快捷。

“互联网+”的实施，无疑为我国传统产业的转型升级注入根本性的变革力量，促进产业的数字化、网络化、智能化，这正是我国实施“中国制造 2025”战略的核心所在。在我国深入推进经济结构转型、全力构建创新型国家的关键阶段，各高校只有坚定不移地贯彻党和政府对新时期大学生创新创业教育工作的要求，才能为中华民族伟大复兴的稳步推进输送更多的优秀人才。

三、基于生态系统角度的创新创业教育研究

在发展心理学中，布朗芬·布伦纳提出了生态系统理论，即个体发展模型。他从社会价值角度思考，认为生态系统理论其实是一种共生共存的组织系统，该理论将影响人类行为的环境分为四个层级，从内到外分别为微观系统、中观系统、外观系统和宏观系统。

微观系统直接影响个人的发展，是包容个人的中间组织；中观系统影响微观系统间的互动关系；外观系统是微观系统的一种延伸，间接地影响个人；宏观系统是一种较大的环境系统，如经济、社会、教育、法律及政治系等。生态系统理论强调多重环境对人类行为及其发展的影响，试图通过改善人与环境之间的相互作用，使人的需要与其所处的微观、中观、外观与宏观环境之间更好地协调互动。

虽然我国高校创新创业教育取得了阶段性的成果，但其缺陷显而易见：纸上谈兵较多，联系实际较少。在剖析国家、区域和企业三个层面的生态模型的基础上，实行一种新的创新创业教育模式，实践证明，这种模式对创新创业型人才的培养有良好的效果。

（一）创业生态系统理论

1.国家层面的创业生态系统

早在20世纪90年代，产业、政府和大学三者在知识经济时代就存在新的关系。产业作为进行生产的场所，承担最终产品问世的重任；政府作为契约关系的来源，应确保稳定的相互作用与交换；大学作为新知识、新技能的来源，是知识经济的生产力要素。大学、产业和政府在保留自身原有作用和独特身份的同时，每一个又表现出另两个的一些能力。三者交叉、结合，角色互换多样，多边沟通灵活，由此形成持续的创新流。

在英国，人们十分注重“敢于失败”的文化和教育、政策监管的有效性。他们认为，创业具有不确定性和风险性，如果创业一开始没有成功，则需要再尝试一次，因而英国分投公司通常也愿意帮助和投资一次又一次创业失败的人。对于创新者来说，失败是成功的必修课，创新者必须学会面对失败。因此，由于创业失败率高，就不鼓励创业是一种短视和错误的看法。

创新创业教育不仅仅是知识的转移，国家层面的创新创业生态系统必须重视技能和态度的重要性。在任何领域，成功的关键都是专注于在一次次失败中获得经验和教训，而政府的作用就在于鼓励和帮助不敢面对创业失败的大学生寻找经验和教训，保护知识产权，从而在“政府-产业-大学”合作中发挥重要作用。

2.区域层面的创业生态系统

当前欧盟各国创新创业教育主要有三种不同的发展路径：第一，国家制定专门的创业教育发展战略，从政策层面支持创业教育发展；第二，政府不制定专门的创业教育战略，通过将创业教育理念、内容、目的、手段等嵌入某一国家战略之中，如教育改革与发展战略、终身学习体系构建战略、经济发展战略等，体现了更加注重创业教育与社会经济发展战略的融合；第三，既不设定专门的创业教育战略，也不将创业教育融入其他发展战略，而是由政府相关的职能部门通过单独或合作的方式推动具体创业教育项目、计划，更加充分地调动全社会积极性，从微观层面自下而上地形成关注创业、参与创业的社会氛围，推动创业教育发展。

2013年，欧盟通过《2020创业行动计划》，提出了系统的创业教育行动战略，强调终身创业能力的培育，从欧盟与成员国层面制定基础教育与高等教育两阶段的创业教育规划，提出为不同人群制定创业教育服务，为欧盟成员国创业教育体系建设指明了方向。我国的创新创业教育始于 1999 年 1 月，教育部出台《面向 21 世纪教育振兴行动计划》，其指出要加强对教师和学生的创业教育，鼓励自主创办高新技术企业。1998 年，清华大学举办了“首届创业计划大赛”，开创了我国高校创新创业教育的先河。1999 年，教育部在《面向 21 世纪教育振兴行动计划》中明确指出要“加强对教师和学生的创业教育，鼓励他们自主创办高新技术企业”。2002 年，清华大学、中国人民大学等 9 所院校被确定为实施创新创业教育的试点院校，教育部提出给予政策及经费支持，标志着我国高校创业教育的正式启动。此后，从创新创业课程体系建设、师资队伍建设、实践基地建设等内容对省级教育行政机构、部属高校和国家级大学科技园区提出纲领性的创新创业教育建设意见。2010 年，教育部颁布《关于大力推进高等学校创新创业教育和大学生自主创业工作的意见》，成为我国教育行政部门指导下高校创新创业教育进入全面推进阶段的标志。2014 年 12 月 10 日，教育部下发《关于做好 2015 年全国普通高等学校毕业生就业创业工作的通知》，要求全面推进创新创业教育和自主创业工作。创新创业教育在高校得到了不同程度的实施，逐步形成了具有特色的创新创业教育模式。

（二）我国创新创业教育生态系统平衡发展的症结剖析

近年来，我国日益重视创新创业教育，提出了创新创业教育的理念，鼓励大学生创业。自进入 21 世纪以来，我国学术界也从不同角度关注高校创业教育研究，主要涉及创新创业教育内涵、教育体系、管理模式、课程体系、创业环境、创业文化、创业动机、创新精神、创业意向、创业力评价方法、创业基地、创业模式等方面。曹胜利等认为，高校创新创业教育可以通过基础层面、实践层面、保障层面与区域社会经济发展实现互动。梅伟惠、徐小洲提出，中国学校创业教育应采取“观念指引、分类建设、制度保障”的发展思路，树立立体创业教育观，重点加强师资团队与课程两个核心环节建设，建立促进创业教育良性发展的支撑体系。黄兆信等认为，应将创业教育重心从提高就业率向提升就业层次、从自主创业为主向岗位创业为主、从创业实践教育向培养专业和创业的复合型人才的转变，实现高校创新创业教育的跨越式发展，创新创业教育的主要问题是教育观念相对滞后、目标定位失准、社会认可度不高、创新创业教育环境相对缺乏，需要重新定位创业教育价值取向、知识结构、实施策略的重要性。

创新创业教育应该重视与思想政治教育的协同。创业思想渗入专业教育，搭建创业教育教学平台，将教师创业教育与学生创业教育并重，将创业课程植入培养方案，建立创业实践基地，实现创业教育与地域经济社会发展互融，提升我国高校创业教育的整体水平。建设创业教育生态系统，强调其针对性和协作性，创新创业教育涵盖校内和外部组织及个人，并通过有效协同实现“产学研”的良性循环。创新创业教育是一个复杂的系统工程，涉及高校间的物质循环、信息传递和资源互补，是一个具有开放性、循环性、永续性、整体性等特征的生态系统。通过我国创新创业教育发展及研究现状可以发现，目前，我国高校在创新创业教育中将已有的优势资源与创新创业教育对接，但面向协同培养的生态系统还存在很多问题，具体表现在以下方面。

1.创新创业教育观念相对滞后

目前，教育观念较为封闭、保守，创新创业教育的社会认可度不高，人们缺乏对创新创业教育的本质性认知。学校领导和教师对创新创业教育的地位和作用认识不足，职能部门对创新创业教育的支持力度不够，高校开展的创新创业教育尚不能满足学生需要；大学生作为创新创业的主体，大多认为创新创业教育只是针对少数创新能力强的优秀学生，未意识到创新创业是现代大学生所应承担的一种社会责任，存在创新创业认知偏差。

2.制度政策保障不足

政府对大学创新创业教育没有起到充分的主导作用，没有通过制定政策为高校创新创业教育创新创造良好的生长条件和外部环境。虽然各级政府在高校创新创业教育方面出台了很多宏观的指导政策，但执行力度不够，缺乏在具体操作层面的落实，大学生创新创业所需的规章制度和配套措施不完善，制度政策保障不足成为大学生创新创业积极性低、创新创业教育效果不理想的重要原因。

3.高校创新创业教育体系不健全

高校创新创业教育培养目标定位不明确；没有完善的教学体系和教育理论框架；师资力量薄弱，知识储备不足，教学模式单一，缺乏授课技巧，缺少创业经历；没有完善的课程体系，没有开设相关的课程或仅为面向部分学生的选修课程，无法与专业教育、素质教育结合；缺乏实践教学和训练，应用性训练、创业实践环节严重不足，实践活动和与市场结合的活动较少。教学方法、教学组织和评价方法有待结合创新创业教育的需求改进。

4.创新创业教育资源末得到有效整合

尚未形成系统性的创新创业生态系统，缺乏高校创新创业教育活动的整体联动，协作的研究对象仅限于某一具体经济圈，协同平台单一，如只考虑科教结合、校企合作等单一方面，忽视国际交流。对创新驱动的研究主要是围绕需求、产业投入和要素投入展开，对知识群体创业本身及与创新驱动的关系研究不足，忽视了与区域经济和发展转型的互动互促。政府、科研院所、社会、学校、家庭对于创新创业教育尚未形成良性多元多赢格局。教育主管部门对于创业教育投入不足，无法突破创业资金瓶颈和制度壁垒。高校没有提供足够的配套政策与财力支持，难以真正调动师生的积极性，创业教育形式单一，创业教育质量无法保证。尚未有效整合社会及企业资源，大学生可实践的创业平台匮乏，创业理论与实践脱节、知行不一。产学研之间没有实现紧密结合，科技成果转化层次和转化率较低，创业效果堪忧。

5.创新创业文化对创新创业教育的鼓励

传统封闭式的、循规蹈矩式的弱势文化倾向制约了创新创业教育的发展。创新创业教育缺乏完善的创业文化氛围，导致创新主体严重缺乏创造性和个性，实践技能不强。

6.风险投资基金的倾向性及资金短缺

在创业资金支持上具有明显的风险投资倾向，对创新创业教育在资源、资金上投入较少，专项资金和配套资金不足，高校创新创业教育难以全面开展，政府、企业、校友资助资金少且没有专门部门来有效整合，导致高校缺乏创业教育资金，难以构建高校创业教育生态系统。

（三）协同视角下创新创业教育生态系统的构建

1.搭建创新创业教育的协同培养平台

创新人才全面协同培养平台的构建既涉及高校内部协同，也涉及强调政校企联动的高校外部协同。

（1）搭建校内教育平台

包括创新创业教育课程平台、校内创业实践活动平台、校内预创业平台、师资建设平台、跨学科协同育人等，通过理工结合、文理交融，实施“双学位、双专业、主辅修”制，夯实基础，拓宽口径，全方位、多渠道创建良好的协同育人环境，不断提高学生的社会适应能力。

（2）开展院校协同培养

通过与教育技术学科有影响的国内外高校进行校际的合作，搭建院校创新创业协同培养平台，通过学生交换、师资建设、科研合作及教材开发等方式充分实现学术资源共享，实现联合办学模式。

（3）引企入校，协同育人

利用企业和高校双方各自的优势，以“融汇资源，搭建平台，策划指导，辅助成长”为指导方针，致力于汇聚社会、行业、企业、学校的各方资源，通过企业对创业团队和创业项目的扶持和指导，开展预就业模式的点面协同育人，实现学生创业项目与市场的真实对接。

（4）校政合作，协同育人

“卓越计划”的实施对“校政合作”的广度和深度提出了更高要求。按照“卓越计划”模式的要求，在既定的体制框架内，“校政合作”要在目标机制、动力机制、运行机制、评价机制四个方面进行机制创新，从而发挥政府的指导作用。

（5）强化科教协同育人

提高学生创新研究能力。开展科教资源平台共建共享协同育人，实施以研究型、探究式为主的培养模式，鼓励大师、学术水平高的教师参与本科教学和本科生创新能力培养。

（6）扩大国际交流协作

拓展学生的专业学术视野。通过专家讲学、师资进修、学习交换、双语授课等多元渠道吸取国外高校的先进经验，提高专业办学水平和质量。

2.构建“八个四结合”的创新创业协同育人生态系统

为实现各个平台的深度合作和有效联动，系统制定卓越创新型人才培养方案和培养模式，在良好的创业环境和文化氛围下，拟构建“八个四结合”的协同育人生态系统。

“创新精神、创业文化、创业链条、知识创业”四结合，建设先进创新创业理念，创新创业教育理念关系到创业教育的发展方向。现阶段创新创业教育的核心是创新创业精神培养，包括创新创业需求、风险承担、抗挫折能力等心理素质的培养。创新创业教育要培养激情勃发的创业者，首先要培养创新精神。创新创业教育是个系统工程，传统的创新创业教育处于相互割裂的、狭隘的封闭状态，迫切需要形成相互沟通、良性循环的创业链。知识在经济社会发展中发挥至关重要的作用，需要将知识创业作为创新创业的重要因素。

“思维创新、技术创新、自主创业、岗位创业”四结合，明确创新创业教育原则，创新创业教育的广泛性与持续性决定了创新创业教育需要坚持思维创新、技术创新、自主创新和岗位创业结合的原则，创新思维是开展创业活动的先导，创新创业教育的根本要素归结于培养创新主体的创新思维能力。创新创业需要技术的支持，创新创业教育的核心价值在于引领创新技术增加社会价值，将知识转化为生产力。高校创新创业教育迫于就业压力普遍强调自主创业，培养新企业的创办者，但从长远发展规划来看，高校创新创业教育应该重视“岗位内创业者”，在现行公司体制内发挥创业精神和技能，促成新事物产生，从培养自主创新者为主向培养岗位创业为主转化，以更好满足岗位职业要求。因此，“四结合”的创新创业教育原则兼顾思维创新、技术创新、自主创业和岗位创业。

（四）将生态学的分析视角引入创新创业领域的可行性分析

从创业的生态学研究视角来说，创新创业活动的发展就像一个刚出生的婴儿，经历孕育、出生、成长和成熟等各个阶段，因此，创新创业活动就和人生一样，在每个阶段都需要其特定的成长环境和资源，创新创业活动自始至终都与外部要素存在相互依存的关系。同时，创新创业活动的发展过程遵循优胜劣汰的竞争原则，创新创业活动的广泛推进也依托于具体的创新创业环境。因此，创新创业生态系统是由企业及周围的环境组成的一个动态平衡系统，两者之间相互影响、共同发展。

1.创新创业活动是有生命力的组织活动

基于生态学原理可以理解创业活动的起点，创业活动的发展过程好似一个从孕育到诞生，并且逐渐成长、成熟的生命体。创业始于对创新创业机会的识别。在机遇与挑战并存的市场经济环境中，各种信息、各类资源纷扰交错，创业者在创新创业活动的孕育期必须从复杂的环境中寻找到对自身创业活动有价值的资源和信息。创业者在创新创业活动的种子期需要确定创业方向和目标市场，寻找合作伙伴，将更多相关资源引入创业项目中，建立企业作为创业基地。创业者在创业活动的发展期必须根据创业方向为企业设定一个总体战略目标和经营模式。当企业经营活动步入正轨后，随着经营规模的扩大，企业逐步进入成熟期，其主打产品已占有相当一部分市场份额，并且为企业创造了可观的经济效益，使企业资金逐渐充裕并稳步运作。从孕育到企业发展成熟，在整个创业过程中企业必须不断汲取资源，同时，与外部支持要素保持密切的交流，与之相互依存。

2.创新创业活动具备自我调控调节机制

在整个系统中，一个创业群落的发展会影响另一个创业群落的发展，影响并改变创业环境，一旦创业环境改变，系统中不适应现有环境的生态系统又会进行自我调节，整个生态系统中都在不停地重复这个过程，这种调控特性促使整个创新创业生态系统稳定在一个动态平衡的状态。创业群落与创业环境经过长久以来的适应共存，逐渐形成了一套相互协调控制的机制，主要表现在以下两个方面：一是对创业群落结构间的调控；二是对创业群落与周围创业环境之间的相互调控。创业环境能影响创业群落的成长，创业群落也能改善创业环境。这些调控机制使群落与群落间、群落与环境间达到协调的动态平衡。

3.创新创业活动拥有开放系统系列特质

创新创业系统与生态系统一样也是一个开放的系统，从创业组织到创新创业生态系统、创业群落和周围环境都是开放的，从外界输入各种资源，经过创业群落的加工转化，形成最终产品输出给消费群体，从而维持整个系统有序循环的状态。例如，一个功能完备的创业园区系统，也无法脱离整个社会市场系统单独存在，需从周围创业环境中获取各类创业资源，经过创业园区内部的复杂转化过程，最终形成创业成果输送到外部市场。

4.创新创业活动的开展依托于周围环境

生态环境是以整个生物界为中心，围绕生物界并构成生物生存的必要条件的外部空间，包括大气、水、土壤、阳光及其他无生命物质等，生态环境直接影响生物的生存和发展，进而影响整个生态系统的平衡和稳定。生物的生存和发展有赖于在生态环境中的生物群落，不利的生态环境会阻碍生物生长，甚至会导致其灭亡。从这点来看，创新创业环境无疑是创业活动生存和可持续发展的必备要素。创新创业环境就是企业的生存环境和活动空间，它决定企业的生存状况、运行方式及发展方向，不同的创新创业环境会衔生出不同的创新创业活动主体，目前许多国家都非常重视创新创业环境的建设。此外，虽然创新创业环境对企业的生存和发展起到一定作用，但是并不意味着创新创业主体只能被动地适应环境，如同生态系统中所存在的生物与生态环境之间的交互作用一样，创业主体可以通过创新创业环境汲取有价值的资源，并在创新创业环境中成长、成熟，在这一过程中也通过创新创业活动改变创业环境，这就形成了创新创业活动与创新创业环境之间相互依存的紧密联系。

5.基于生态系统理论的大学生创新创业影响因素分析

生态系统理论整合了影响教育的各项因素，提出了各要素之间的相互影响关系，是创新创业教育研究分析的全新思考。从生态系统理论的角度来看，课程是创新创业的微观系统，是学生教育中直接接触的部分；导师是中观系统，他们联系学生与课程，影响微观系统之间的相互关系；政策是外观系统，与学生之间并无绝对的直接关联，但政府的政策却影响大学生创新创业教育的发展情况；文化是宏观系统，它抽象、模糊，却反映了社会发展的趋势，也宏观地指挥着创新创业教育的方向。同时，基于生态系统理论的支撑和数据的分析发现，要使创新创业教育更具有活性，就必须关注资金对于整个系统的影响。

（五）基于创业生态系统的创新创业教育模式

1.模式的运转中枢

2009 年 11 月，东北大学秦皇岛分校成立了“创新创业与风险投资研究所”（以下简称“创投所”），作为一个研究和社会服务机构，自然而然地承担起衔接校内创新创业教育与创新创业生态系统的桥梁作用。在创投所的推动下，学校与秦皇岛港城创业中心（国家级孵化器）建立了良好的合作关系，并最终促成河北省省级校外实践基地的挂牌。创投所与经贸学院团委合作，开设“企业家进校园”品牌讲座，该讲座每两周举办一次，邀请创业成功的企业家进入校园现身说法，从而成为学生接触社会的一个窗口。创投所通过举办“企业家培训班”，不仅服务本市创新型企业，也成为本市企业了解高校的一个关键通道。创投所每年还组织一次“中国创新创业大赛——东秦选拔赛”,鼓励师生合作组建创业团队，促进本校科技成果的商业转化。创投所与秦皇岛经济技术开发区管委、中国科技金融促进会合作，设立创新创业试验与培训基地，该基地将架起政府、企业、高校三个合作并互相促进的桥梁。

2.模式的主要表现形式

由校大学生创新中心、经贸学院与创投所通力合作打造的“创新型企业商业计划路演大赛”是东秦嵌入创新创业生态系统的创新创业教育的主要方式。它为真实创新型企业设计的比赛，吸引了众多风投机构的参与，为创新创业生态系统和学校的创新创业教育注入了新元素，成为政府、企业和高校结合的完美典范。该大赛对学生培养的效果非常之好：第一，学生可以在就业面试中信心大增，拿出自己制作的商业计划书，获得工作机会。同学们反馈，有时候和面试官谈论的话题是围绕实践活动展开，关于实践活动的话题，占据了面试时间的一半以上。部分学生被证券公司录用从事投资银行业务。第二，部分同学认识到实习企业的发展前景，果断进入此类企业工作，很快得到提升并在企业中担当重任，成为创新创业团队核心成员。第三，有少数学生毕业后走向创新创业之路，快速实现销售和融资，使企业得以生存和发展。

从表面来看，中国高校当前纠结于创新创业教育该如何深度推进以提高实效的问题；然而从深层次来看，中国高校在社会创新创业生态系统中，正面临生态位迷茫的问题。所谓生态位，是指生物种群在以环境资源或环境条件梯度为坐标而建立起来的多维空间中所占据的空间和位置。生态系统中每个物种都有自己的生态位。生态位越宽，种群可利用的资源种类越多，对周围环境的适应能力越强。家庭教育、学校教育、社会教育，每个系统都有自己的教育要素、媒介和工具。

根据生态学最少因素理论，当生态系统中一些特定因子处于最小量状态时，其他处于高浓度或过量状态的物质可能起补偿或替代作用。改革开放后，制度变革带来了大量市场机会，那些参与创新创业活动并取得良好收益的创业者，会在周围人群中产生积极的跟随效应，民众对于如何更顺利、更便捷、更有效地从事创新创业活动有了潜在的巨大学习需求。这本来应该是高校创新创业教育发展的大好时机，但中国办学机制的不足与封闭使在校的学生无法及时或根本无法获得相应的创新创业知识，造成社会创新创业生态系统中潜在的创业者群体无法从高校获取足够的创业教育“营养和资源”，只能转而求助其他主体。当其他主体可以基本满足这种需求时，就使社会创新创业生态系统的“创业教育供需矛盾”得到缓解。

第五节　我国高校创新创业教育生态系统建设研究的展望

综合目前的有关研究，我们可以清楚地认识到以往的创新创业教育生态系统建设研究基本完成了课程、师资、实践平台等单个要素的建设任务，而要有效应对高校创新创业教育生态系统建设的新要求、新目标，关键在于如何实现单个要素的有机融合并形成系统，这集中体现为三个整体性的核心问题，即高校创新创业教育生态系统建设的顶层设计、主体协作和体制机制问题。对于上述核心问题的破解，研究者们达成了一个基本共识，即既需要借鉴国外经验，又需要聚焦国内实际。为此，高校创新创业教育生态系统建设的现状调研和国际比较是进一步研究必不可少的重要基础。在更高层面上，我们还需要破解一些基本理论问题或建立中国特色的新理论，这是深化我国高校创新创业教育生态系统建设研究的基本前提。由此，未来高校创新创业教育生态系统建设研究应该基于“一个前提、两个基础、三个主题”的框架展开研究，突出问题意识、创新研究方法，按照“问题挖掘—分析借鉴—难题破解”的路径，着力破解六个关键难题。

一、继续深化基本理论问题研究

基本理论是前提，同时也是前沿问题。我们要坚持在现有研究基础上，结合创新创业教育生态系统建设实践中出现的新情况，推动基本理论的创新发展：一是核心概念研究。核心概念是生态系统研究和建设的前提共识，未来我们应深入研究“创新创业生态系统”“创新创业精神”“创新创业能力”等核心概念。二是价值审视研究。价值审视是生态系统研究和建设的意义澄明，我们要充分认识到其对促进创新创业教育稳定、高速和全面发展的推动作用，认识到生态系统是落实创新驱动发展战略、推动高等教育综合改革、提升创新型人才培养质量的必然模式。三是基础理论研究。基础理论是生态系统研究和建设的源头活水，未来我们可以结合教育生态学、马克思主义系统论等相关生态理论，分析创新发展驱动战略、世界一流大学建设、创新型人才培养、“五大发展理念”、立德树人等对创新创业教育生态系统建设的影响与要求，进一步丰富基础理论体系。

二、有效进行现实困境研究

对现实的精准把握是高校创新创业教育生态系统创新发展的重要基础。未来我们应注重对现状进行调研和分析，推动高校创新创业教育生态系统建设的科学化创新发展：一是聚焦高校创新创业教育生态系统建设要素的现状研究。后续研究可以着力探索高校创新创业师资、课程、项目政策、资源等各个关键生态要素各自的发展状况和存在的主要问题，并探究其背后的深层原因。二是聚焦高校创新创业教育生态系统建设的现状研究。相关研究要以优化高校创新创业教育生态系统的评价指标体系为着力点，探索多维指征的全方位、广口径评价体系，从弹性、联合性、发展性和效益性等角度出发，深度挖掘高校创新创业教育生态系统建设存在的核心问题和主要原因。三是聚焦高校创新创业教育生态系统建设相关主体作用发挥状况的研究。相关研究可对高校、政府、企业、社会等主体在高校创新创业教育生态系统建设过程中所承担的具体角色、采取的主要建设方法、发挥的作用功效、面临的突出问题以及产生问题的根源等进行深入研究。

三、持续开展国际比较研究

进行国际比较才能彰显中国特色，在国际比较视域下总结经验、借鉴成果，有助于构建中国特色的高水平创新创业教育生态系统。在未来的国际比较研究中，相关研究可以尝试关注以下三个方面的内容：一是进行系统样态比较。研究者可重点分析各国典型高校创新创业教育生态系统的构成要素、发展状况、运行机制等。二是进行生态系统建设策略比较。研究者可在国家层面重点关注其推动政策、成效表现和发展趋势等研究；在高校层面重点关注其教育理念、具体举措、协调机制、师资队伍建设以及创新创业教育融入人才培养全过程研究；在社会层面重点关注企业、用人单位、社会团体等的角色功能和地位作用的研究。三是比较典型的建设模式并总结经验。研究者可对当前高校创新创业教育生态系统建设的高层推动模式、效益驱动模式、积累演化模式和区域带动模式等进行深入探究，对不同模式体现出的共性经验、差异性特质和一般规律进行凝练总结。

四、着力加强顶层设计研究

生态系统的重要性、复杂性和多元性要求我们必须强化顶层设计，这一核心命题关系未来高校创新创业教育生态系统建设能否明确方向、精准发力，进而真正发挥育人功能。未来研究可重点关注三个方面：一是理念创新研究。研究者要参照党和国家关于高等教育的新理念、新思路、新观点，在国家发展总体视域中进行中国特色的生态系统研究，推动发端于西方商学院、注重单一资本逻辑导向的创新创业教育走向强调价值逻辑与市场逻辑相统合的发展模式，发挥其社会主义核心价值观、加快“双一流”建设、创新人才培养等重要作用。二是目标定位研究。鉴于国内外对我国运动式创业浪潮的质疑，未来创新创业教育生态系统建设研究的目标应“去功利化”，由过去“培养创业者”“带动就业”的目标定位向提升学生创新创业精神和能力拓展。三是要素构成研究。研究者未来可重点关注以高校为中心的主体要素系统，以专业化师资为基础的人力资源要素系统，以理论与实践相结合的课程体系为核心的育人平台系统，以学科化发展与政产学用共赢发展为牵引的动力系统和以政策、资源、市场、文化“四要素”为重点的支撑保障系统等相关研究。

五、重点关注主体协作研究

生态系统内部主体的多样性和生态系统的自我调节性决定了多主体间必须分工协作，这是生态系统运行的内在规律和实践方式。未来我们要重点厘清主体间的相互关系，并探索其协作模式：一是主体关系研究。研究者应探索并厘清中央与地方、地方与学校、学校与用人单位（企业等）以及中央、地方、学校和用人单位之间的多方关系，分析解决多方关系中的冲突性、分离性、单向性等问题。二是主体角色研究。研究者应探索分析多方主体各自应当扮演的角色，尤其是主体角色的功效作用以及角色缺失、角色冲突等问题。三是协作模式研究。研究者应在现有协作模式研究的基础上，立足现代、运用新理论、融入新观点，对利益相关者、教育共同体和生态场域进行研究，探索高校创新创业教育生态系统各主体、各要素之间的新型协作模式。

六、系统聚焦体制机制研究

体制机制是创新创业教育生态系统科学化、常态化、持续化建构和运行的重要保障和有力支撑，未来研究应该重点聚焦以下三个方面的体制机制问题：一是聚焦领导体制研究。相关研究要统筹各个层面，尤其是高校内部的专门机构和相关机构，探索建立健全高校创新创业教育生态系统建设的“专业化、一体化”领导体制。二是聚焦运行机制研究。未来的研究可对创新创业教育生态系统的整体运行机制进行全面研究，着重研究课程、师资等要素协同互促机制，创新创业教育与专业教育融合机制，高校与政府、企业、社会“内合外联”机制，大、中、小学创新创业教育纵向衔接机制，学校创新创业教育与家庭教育、职后教育横向协同机制等，进而从整体上把握高校创新创业教育生态系统纵横交融地追赶竞争机制、合作外溢机制、生态根植机制、自我修复机制等。三是聚焦保障机制研究。研究者可着重研究高校创新创业教育生态，系统建设的价值导向机制、评估反馈机制、共享发展机制和政策协同机制等。

参考文献

[1]陈建国.高校创业教育生态系统构建探讨[J].名汇，2020（01）：105–108.

[2]陈静.高校主导型创业教育生态系统构建研究[D].长春：东北师范大学，2017.

[3]成希.研究型大学创新创业教育生态系统构建研究[D].长沙：湖南师范大学，2018.

[4]郑庆华.高校创新创业生态体系的构建与实践探索[J].高等工程教育研究，2020,（04）：163–167

[5]杜栋，洪璟玥.高校创新创业生态系统的全景分析与综合评价[J].山东高等教育，2019，7（01）：17–26+2.

[6]耿合江.高校众创空间创业服务生态系统研究[M].北京：科学技术文献出版社，2018.

[7]苟琳娜.高校创业生态系统运行机制与评价研究[D].西安：西安电子科技大学，2017.

[8]顾明远，鲍东明主编.创新创业教育研究[M].上海：上海教育出版社，2019.

[9]孔晶.互联网时代高校创新创业教育新思路探讨——评《互联网+创新创业》[J].中国科技论文,2019,14(11)：1273.

[10]黄兆信.新生代创业教育论[M].北京：中国社会科学出版社，2018.

[11]李亚员，牛亚飞，李畅.我国高校创新创业教育生态系统建设研究的成效与展望[J].高校教育管理，2021，15（04）：115–124.

[12]李炎炎，黄兆信.知识型创业生态系统构建及运行机制研究[J].高等工程教育研究，2017（06）：168–172.

[13]梁琍.我国高校创新创业教育面临的问题与发展趋势[J].中国多媒体与网络教学学报（上旬刊），2019（01）：71–72.

[14]裴晓敏，刘英为，唐明生等.高校创新创业教育生态体系的构建与实践[J].创新创业理论研究与实践，2021，4（06）：21–24.

[15]石鹏建，余舰.2017 年度全国创新创业 50 所典型经验高校经验汇编[M].北京：北京航空航天大学出版社，2018.

[16]王康，卢晶，李锦威等.高校创业教育生态化运行机制研究——基于浙江农林大学的实践探索[J].创新与创业教育，2017，8（05）：34–37.

[17]王任军."双创"背景下民办高校创业教育课程生态系统构建[J].科技创业月刊，2018，31（04）：73–75.

[18]王玉斌，张丽.全球价值链分工与高校创新创业教育研究[M].成都：四川大学出版社，2018.

[19]吴红迪，刘艺，李新剑.高校主导型创新创业教育生态系统研究[J].黑龙江工程学院学报，2020，34（03）：61–65.

[20]项勇，黄佳祯，王唯杰.大学生创新创业素质培养机制研究[M].北京：中国经济出版社，2017.

[21]杨雪梅，王文亮.创新创业教育论[M].北京：清华大学出版社，2017.

[22]姚远，冉玉嘉.高校创新创业教育生态系统构建研究[M].成都：四川大学出版社，2019.

[23]余晖，覃晓晗.经济新常态背景下高校创新创业教育的瓶颈及应对策略[J].百色学院学报，2019，32（03）：123–127.

[24]张超，张育广.高校创新创业教育生态系统运行策略研究——基于生态位理论视角[J].实验室研究与探索，2019，38（01）：163–166.

[25]张书诚.高校创新创业教育生态系统综合评价研究[D].镇江：江苏大学，2020.

[26]张育广，许泽浩，罗嘉文.创新创业教育：生态系统、前孵化器及众创空间[M].广州：暨南大学出版社，2017.

[27]卓泽林，赵中建.高水平大学创新创业教育生态系统建设及启示[J].教育发展研究，2016，36（03）：64–71.

图书在版编目（CIP）数据

高校创新创业教育生态系统构建研究 / 李蕙著. --
湘潭 : 湘潭大学出版社, 2023.12
ISBN 978-7-5687-1409-9

Ⅰ. ①高… Ⅱ. ①李… Ⅲ. ①高等学校－创造教育－
研究－中国 Ⅳ. ①G640

中国国家版本馆CIP数据核字（2024）第065799号

高校创新创业教育生态系统构建研究

GAOXIAO CHUANGXIN CHUANGYE JIAOYU SHENGTAI XITONG GOUJIAN YANJIU

李蕙 著

责任编辑： 丁立松
封面设计： 张丽莉
出版发行： 湘潭大学出版社
社　　址： 湖南省湘潭大学工程训练大楼
电　　话： 0731-58298960 0731-58298966（传真）
邮　　编： 411105
网　　址： http://press.xtu.edu.cn/
印　　刷： 长沙创峰印务有限公司
经　　销： 湖南省新华书店
开　　本： 787 mm×1092 mm 1/16
印　　张： 11.5
字　　数： 216千字
版　　次： 2023年12月第1版
印　　次： 2023年12月第1次印刷
书　　号： ISBN 978-7-5687-1409-9
定　　价： 58.00元